Sandra Ingerman

Welcome Home – Die Heimkehr der Seele

SANDRA INGERMAN

WELCOME HOME – DIE HEIMKEHR DER SEELE

SCHAMANISCHE SELBSTHEILUNG

Deutsch von Karen Hendrix

ARISTON

Die Deutsche Bibliothek – CIP-Einheitsaufnahme
Ingerman, Sandra:
Welcome home – die Heimkehr der Seele / Sandra Ingerman.
Aus dem Amerikan. von Karen Hendrix. – Kreuzlingen ; München :
Ariston-Verl. 1999
Einheitssacht.: Welcome home <dt.>
ISBN 3-7205-2069-2

Umschlaggestaltung: Manu Böhler, Überlingen
Umschlagfoto: Image Bank/Ridenour
Satz und Repro: SatzTeam Berger, Ellenberg
Druck: Wiener Verlag, Himberg bei Wien
ISBN 3-7205-2069-2

Für Easy Hill und Smokey

INHALT

EINLEITUNG

Welcome Home – die Heimkehr der Seele ist für all die Menschen gedacht, die bereit sind, die Verletzungen der Vergangenheit hinter sich zu lassen und ihre Kraft dafür einzusetzen, eine positive Gegenwart und Zukunft zu erschaffen.

Wessen Wunden bereits seit einiger Zeit heilen – ob mit Hilfe herkömmlicher oder alternativer Therapien, spiritueller Methoden, traditioneller oder alternativer körperlicher Heilansätze, für denjenigen ist dieses Buch geschrieben. Ist uns bewußt, daß es ein Leben nach der Genesung gibt? Wissen wir, wie wir krankmachende Verhaltensweisen so ändern können, daß wir unser Leben anders als in der Vergangenheit gestalten?

Welcome Home spricht die Themen an, die wichtig für uns sind, wenn wir unserem Leben eine neue Richtung geben möchten. Es ist ein Ratgeber, der unseren Blick auf die Gegenwart und die Zukunft lenken soll. Jedes Kapitel enthält Übungen, mit denen jeder das eigene kreative Potential Schritt für Schritt erschließen kann. Es ist gut, sich Zeit zu nehmen, dieses Buch durchzuarbeiten und dann je nach Bedarf die vorgeschlagenen Übungen auszuprobieren, die am Ende der Kapitel beschrieben werden.

Welcome Home handelt von der Verantwortung die wir haben, eine bessere Zukunft zu schaffen. Niemand anders wird diese Aufgabe für uns übernehmen – weder die Regierung noch eine der Kirchen, nicht die Wissenschaft und erst recht kein außerirdisches Wesen. Wir selbst sind verantwortlich dafür, unsere persönliche und die Zukunft der Erde zu verbessern. Dafür müssen wir zuerst herausfinden, wer wir sind und welche Gaben, Stärken und Wertsysteme wir haben. Danach können wir beginnen, unser Leben zu ändern. Das heißt, für sich Verantwortung zu übernehmen und zu handeln – und zwar jetzt.

In diesem Buch ist kein Platz für Schuldgefühle, Verurteilungen oder Anschuldigungen, die alle den krankheitsfördernden Einflüssen zuzuordnen sind. Wir wollen in unserem Leben Energie positiv einsetzen, um Entscheidungen treffen zu können und persönlich zu wachsen. Sollte jemand einmal nicht die Meinung der Autorin teilen, oder nicht verstehen, was sie ausdrücken möchte, dann reicht es aus, das einfach so hinzunehmen. Es ist sinnvoll, nur die Dinge, die für den einzelnen einen Sinn ergeben und dem eigenen persönlichen Wachstum dienlich sind, anzunehmen und alles, was momentan nicht in die eigene Lebensplanung paßt, einfach zu ignorieren. Heilung ist in vieler Hinsicht ein lebenslanger Prozeß, und diejenigen unter uns, die sich bereits seit längerer Zeit in Therapie befinden und an ihrer Genesung arbeiten, müssen für sich entscheiden, ob es nun an der Zeit ist, neue Schwerpunkte zu setzen. Dieses Buch ist für Menschen geschrieben, die bereits einen Großteil ihres Genesungsprozesses bewältigt haben; es ist nicht gedacht für diejenigen, die noch gar nicht damit begonnen haben. Wir können die Wunden unserer Vergangenheit nicht verleugnen, aber ab einem gewissen Punkt muß jeder von uns erkennen: »Ich habe mich genug mit meinen früheren Fehlern auseinandergesetzt und werde mich nun darauf konzentrieren, mein Leben zu verbessern. Dazu bieten sich verschiedene Möglichkeiten an.«

Welcome Home behandelt mehrere Themenkreise:

- Unsere kreative Kraft von den krankmachenden Einflüssen der Vergangenheit umzulenken auf die gesunden Bedürfnisse der Gegenwart und der Zukunft
- Heilende Energie aus dem Universum zu beziehen
- Das Leben zu genießen
- Unser Bewußtsein für unseren Austausch mit anderen zu schärfen und wie wir mit ihnen auf der energetischen Ebene umgehen
- Grenzen zwischen uns und anderen zu ziehen, und dabei unsere Kreativität auszuleben und Visionen wahr werden zu lassen.

- Einschränkende Denkweisen der Vergangenheit abzulegen um unsere Schaffenskraft freizusetzen
- Eine starke Persönlichkeit zu entwickeln, um in sich wandelnden Zeiten in der eigenen Mitte zu bleiben
- Die Zukunft verheißungsvoll zu gestalten, indem wir Selbstbewußtsein entwickeln und uns auf die Talente und Begabungen besinnen, die wir in diese Welt mitgebracht haben
- Unsere eigene kreative Kraft zu erkennen und nicht auf Hilfe von außen zu warten, um unser Leben zu verbessern
- Unsere Seele auszudrücken
- Nicht den von Menschen geschaffenen Gesetzen zu folgen, sondern zur Natur und ihrem Rhythmus zurückzukehren
- Von Selbstbetrachtung zu einer globalen Sichtweise zu kommen
- Ehrlichkeit, Integrität und Mitgefühl wieder in unsere persönlichen und geschäftlichen Beziehungen einzubringen
- Einige der Wunden zu heilen, die wir dieser Erde zugefügt haben

In diesem Buch geht es nicht um Schamanismus, obgleich ich einige schamanische Rituale einführe. Es entstand aus meinen Erfahrungen während meiner eigenen schamanischen Reisen, durch die Arbeit mit meinen Klienten und in Workshops, die ich veranstaltete. Was jeder über Schamanismus wissen sollte, um mir folgen zu können, wird in den kommenden Kapiteln besprochen. Leser, die Schamanismus eingehender verstehen möchten, finden im Anhang eine Erläuterung der wichtigsten Grundzüge.

Dieses Buch ist für diejenigen geschrieben, die bereits mehrere Wege der Heilung hinter sich haben. Da ich selbst schamanische Beratungen durchführe und als Heilerin tätig bin, sind in den Fallbeispielen viele schamanische Elemente enthalten. Die genannten Personen entstanden aus der Zusammenschau verschiedener Klienten und existieren nicht wirklich. Es ist aber wichtig zu verstehen, daß alle Wege der Heilung zu ein und demselben Ziel führen. Dieses Buch beginnt dort, wo andere Wege der Heilung enden, und beschreibt, wie wir unsere psychische und physische Zukunft nach der Heilung gestalten können. Es kommt dabei nicht darauf an, wie diese erreicht wurde.

Schamanismus ist eine Möglichkeit, geistiges Wissen zu erschließen, und im folgenden werde ich einige der Lehren meiner spirituellen Mentorin Isis weitergeben. Ich machte ihre Bekanntschaft vor einigen Jahren, als ich das Bedürfnis hatte, auf eine Visionssuche zu gehen. Obwohl mein Leben sehr durch schamanische Reisen bestimmt wird, hatte ich das Bedürfnis nach Ruhe, um meine Ziele erkennen zu können.

Ich begann, mit dem Indianer zusammenzuarbeiten, der später auch meine Visionssuche begleiten sollte. Bevor wir begannen, verlangte er von mir, dreißig Tage lang nur Obst zu essen. Durch das Fasten verfiel ich bereits vor dem eigentlichen Ereignis in einen tranceähnlichen Zustand. Ungefähr eine Woche vor dem festgelegten Termin rief er dann an und erklärte mir, daß er meine Arbeit aufgrund eines gebrochenen Beins nicht begleiten könne.

Zu diesem Zeitpunkt war es unmöglich, einfach abzubrechen. Endlich fand ich dann eine Frau, mit deren Hilfe ich fortfahren konnte, und fuhr zu ihr aufs Land. Ich war bereit, alle vorgeschriebenen Schwierigkeiten der Visionssuche auf mich zu nehmen, und wollte vier Tage und drei Nächte im Freien durchwachen. Die Frau schlug mir mehr Flexibilität vor: ich sollte mich nicht selbst durch strenge Regeln unter Druck setzen. Als ich ihr sagte, daß ich ganz traditionell vorgehen wollte, versicherte sie mir, daß es keine strengen Gesetze gäbe. Um zu zeigen, was sie mit Flexibilität meinte, markierte sie mit blauem Korn einen Kreis, der 4000 Quadratmeter umschloß. (Bei einer typischen Visionssuche ist der Kreis gerade so groß, daß er die sitzende Person einschließt.)

In Nordmexiko ist es im Juli ziemlich heiß. Nachdem ich einen Monat lang nur von Obst gelebt hatte und jetzt weder Essen noch Trinken zu mir nahm, fiel ich in Trance. Ich saß ganz still und wartete geduldig auf irgendein Ereignis. Bis Mittag hatte mich dann ein Insekt gestochen; ich hatte zwar nicht gesehen, was für eins, doch es entstand eine große Beule am Arm. Einige Stunden später sah ich in der Nachmittagshitze den Geist einer sehr alten Indianerin auf mich zukommen. Sie sagte zu mir: »Wenn du auf eine Vision wartest, geh in die Schwitzhütte und schlafe dort. Im Traum wirst du sehen.«

Ich dachte eine Weile über diesen Satz nach, denn ich hatte immer noch eine ganz genaue Vorstellung davon, wie meine Vision zu mir kommen sollte. Schlafen gehörte nicht dazu. Schließlich beschloß ich dann, den Anweisungen zu folgen, und ging in die Schwitzhütte, die sich innerhalb meines großen Kreises befand. Es war so wunderbar, der Hitze zu entkommen und sich auf dem kühlen Erdboden auszustrecken. Ich blieb bis zum Sonnenuntergang dort und schlief dann ein. Im Traum erschien mir Isis und sagte: »Ich kehre jetzt auf die Erde zurück, um dort für Frieden, Ruhe und Ausgeglichenheit zu sorgen.« Während der folgenden Tage bekam ich im Schlaf meine ersten Anweisungen und habe seither viel Wissen erhalten: unter anderem auch die klare Aufforderung, in der Zukunft in meiner Arbeit andere Schwerpunkte zu setzen. »Die Welt sieht so trist aus, hole Farbe ins Leben. Strahle, damit die Menschen es sehen.«

Es kann sein, daß die hier vorgeschlagene Sichtweise manchmal zu sehr an der Zukunft orientiert ist, trotzdem scheint es doch sehr klar zu sein, daß wir ausgeglichener leben müssen. Wir sind zu sehr darauf fixiert, die Vergangenheit aufzuarbeiten.

Es ist eine Herausforderung, sich darauf zu konzentrieren, eine bessere Zukunft zu schaffen. Dabei ist es wichtig, die Arbeit und die Persönlichkeit eines jeden Menschen anzuerkennen und darauf zu vertrauen, daß jeder nur die für sich wichtigen Informationen nutzt.

Auch mein Krafttier hatte etwas zu diesem Buch beizutragen. Als ich es in der Unteren Welt, dem Land der zwei Welten traf, wo ich ihm immer begegne, wartete es bereits auf mich: »Bitte bringe Freude in die Welt.«

Dieses Buch soll Menschen helfen, ihren Weg der Heilung zu verlassen und dem ihrer Seele zu folgen. Es ist auch als Anleitung für Menschen in heilerischen Berufen gedacht, die nach Möglichkeiten suchen, ihren Patienten einen Blick auf die Gegenwart und die Zukunft zu eröffnen.

Leser können die Informationen in diesem Buch nutzen und die Übungen am Ende jedes Kapitels selbständig oder auch gemeinsam in einer Gruppe Gleichgesinnter durcharbeiten. Wer sich bereits mit Schamanismus und schamanischen Reisen befaßt hat, kann sich auch einer Gruppe anschließen, bei der sich die Teilnehmer auf eine

Reise begeben, um die für sie nötigen Informationen zu erschließen. Wer hingegen noch keine Erfahrung mit schamanischen Reisen hat, kann trotzdem die Übungen zusammen mit anderen durchführen und dann Erfahrungen austauschen.

Wer mit Klienten arbeitet, kann die Übungen mit denjenigen durchführen, die bereit sind, ihre Vergangenheit hinter sich zu lassen. Sie werden nützliche Hinweise finden, wie sie Grenzen in ihrer Arbeit mit anderen setzen. Diese Grenzen verhindern, daß es zu dem bekannten »Burn-Out-Syndrom« der heilenden Berufe kommt.

Mein einziger Wunsch ist, daß alle Übungen aus Selbstliebe und aus Zuneigung für alle Lebewesen dieser Erde durchgeführt werden.

KAPITEL 1

SÄH EIN KORN UND ES GEHT AUF

Siempre wacht plötzlich auf. Was hört sie? Was soll das heißen? Was wollen sie ihr sagen? Noch ganz benommen steht sie auf. Im Dunkeln öffnet sie ihren Schrank und findet ihre Trommel.

Sie schleicht zum Bett zurück. Warum bewegt sie sich so leise? Niemand ist hier, den sie wecken könnte. Sie bewegt sich langsam und vorsichtig, damit sie den Zauber der Traumwelt, in der sie sich befindet, nicht zerstört.

Sie steigt in ihr Bett und fängt an zu trommeln. Ein Licht schwirrt um sie herum und formlose Schatten tanzen vor ihr. Sie taucht hinunter in ihre unsichtbare Welt und läßt ihr Bewußtsein hinter sich. Der Vorhang senkt sich zwischen ihr und der Welt. Was einst dunkel war, ist nun erleuchtet. Ihre Lehrerin steht vor ihr.

»Du hast die Geister um Hilfe gerufen, damit du die Erde heilen kannst. Dein Ruf wurde erhört. Nun stellt sich die Frage, wie ernst es Dir damit ist.«

Siempre steht vor einer Meisterin, die in sich die Kraft des Zeitlosen trägt. Ihre Schönheit ist atemberaubend. Ihr Blick bannt alle Lügen und Illusionen; er fordert Ehrlichkeit. Sie ist Isis.

Siempre blickt in ihre dunklen Augen. Sie weiß, daß ihre Seele offen liegt und daß nur eine ehrliche Antwort akzeptiert wird. Siempre räuspert sich, streckt ihr Kinn vor und reckt sich. Sie versucht, die Kraft und die Anwesenheit der vor ihr stehenden Göttin in sich aufzunehmen. Sie antwortet: »Ja, ich bin bereit, mein Leben einzusetzen, diesen Weg zu gehen. Mein Ziel ist die Heilung der Erde.«

Vor zwei Jahren wuchs das Bedürfnis, dieses Buch zu schreiben. Die eben erzählte Geschichte wurde mir von meinem hilfreichen Geist »geschenkt«. Seitdem die Saat in mir aufgegangen ist, wächst das Bedürfnis, alles niederzuschreiben und so werden Siempres Erlebnisse zu meinen eigenen Erfahrungen.

»Welche Zukunft schaffst Du Dir, wenn Du weiter in den Wunden der Vergangenheit stocherst?« Im Tiefschlaf hörte ich das Echo dieserWorte. Diese Frage einer formlosen Stimme beunruhigte mein Innerstes. Zwischen Traum und Wirklichkeit wiederholte ich den Satz. »Welche Zukunft schaffst Du Dir, wenn Du weiter in den Wunden der Vergangenheit stocherst«? Eine machtvolle Botschaft, die mich aber nervös machte. Plötzlich wurde mir klar, daß wir als Gemeinschaft, als Gesellschaft und Gruppe von Einzelwesen diesem Planeten keine Zukunft ermöglichen. Die meisten Menschen in meiner Umgebung schaffen genau die Mißstände, die sie heilen wollen. Wir lassen uns mit Freunden und Partnern, in unserer Arbeit oder unserem gesellschaftlichen Umgang erneut auf Beziehungen ein, die uns an durchlebte Schmerzen vergangener Zeiten erinnern. Möglicherweise fallen wir auch selbst in die alten Verhaltensmuster unserer Kindheit zurück und verletzen uns und unsere Umgebung durch unser Verhalten. Die Welt ist ein Schauplatz sich ständig wiederholender menschlicher Dramen.

Während ich hierüber nachdachte, wachte ich ganz auf. Es dämmerte gerade und wurde Morgen. Welch magische Stunden; die Ruhe ohne den immerwährenden Verkehr; niemand, dessen Gerede mich stören konnte. Nicht einmal die gedanklichen Schwingungen anderer sind wahrnehmbar, da ihre Verursacher noch schlafen und in ihren Träumen verloren sind. Das Fehlen jeglicher sichtbarer und unsichtbarer Aktivität ermöglicht mir, mich fallen zu lassen und mich an Orte zurückzuziehen, an die mir niemand folgen kann. Fast ist es, als ob ich der einzige Mensch auf Erden bin. Ich bin mit meinen Gedanken alleine und niemand stört sich daran. Selbst mein Gewissen schläft noch.

In der Arbeit als schamanische Heilerin und Lehrerin begegnen einem immer wieder Geschichten von Schmerz und Mißbrauch. Man kann sich kaum vorstellen, was manche Menschen in ihrem Leben alles ausgehalten haben. Es ist bewundernswert, welchen Mut sie aufbringen, sich der Vergangenheit zu stellen und Heilung zu finden. Oft jedoch ist es frustrierend, wenn Klienten ständig die gleichen Geschichten erzählen, als ob dies alles ist, was ihr Leben ausmacht, und es ist bedenkenswert, ob diese ständigen Wiederholungen wirklich wichtig sind. Ein offensichtlicher Grund ist die Hoffnung, im Laufe der Zeit eine Lösung zu finden. Während eines kürzlich stattfindenden Workshops kamen Zweifel an dieser These in mir auf.

Ich saß beim Mittagessen und unterhielt mich mit einigen Freunden darüber, daß ich gerne reisen würde, um die Geschichte meiner Familie kennenzulernen. Soweit sie mir bekannt ist, beschränkt sie sich auf Amerika. Mein Großvater kam bereits vor dem II. Weltkrieg aus der Ukraine. Zuerst bestanden noch Verbindungen mit den Daheimgebliebenen, aber irgendwann war jeglicher Kontakt abgebrochen. Meine Mutter, meine Onkel und Tanten geben alle einen anderen Grund dafür an. Tatsache bleibt jedoch, daß ich nichts über die Geschichte meiner Familie weiß.

Wenn ich mich mit meinen Freunden unterhalte und wir auf meine Gefühle in bezug auf dieses Thema sprechen, höre ich eine kleine Stimme in meinem Kopf. Sie sagt mir: »Menschen, die ihre Wurzeln nicht kennen, können nichts anderes als ihre eigene Geschichte erzählen. Wer mißhandelt wurde, hat kein anderes Thema.« Hierdurch wird mir klar, warum es so schwer ist, Klienten von ihrer Vergangenheit wegzuführen. Die Heilung unserer Erde und ihrer Bewohner kann erst dann stattfinden, wenn wir aufhören, die alten

Geschichten der Vergangenheit aufzuwärmen. Bis es uns gelingt, Neues zu schaffen, sind wir zu Krankheit und Schmerz verdammt.

Ist den Menschen eigentlich bewußt, daß das Leben mehr beinhaltet, als sie bisher erlebt haben? Wissen sie überhaupt, wo sie einen Neuanfang machen müssen? Wenn wir uns eine Weile mit unserer Heilung befaßt, und die Scherben unserer Vergangenheit in dieser Zeit zusammengesetzt haben, verfügen wir über genügend Kraft, um eine neue Zukunft zu schaffen. Wir sind nun älter und wissen von anderen Möglichkeiten als in unserer Jugend. Uns Erwachsenen stehen zahlreiche Hilfsmittel zur Verfügung. Außerdem sind wir für uns – und für alle Lebewesen auf diesem Planeten – verantwortlich und müssen uns dementsprechend verhalten. Aber unter Umständen reicht unser Wissen nicht aus, um alles richtig zu machen. Wie sollen wir handeln, wenn wir keine Informationen darüber haben, wie die Generationen vor uns versuchten, ihr und ihrer Familien Leben zu verbessern? Was können wir tun, wenn wir unsere Ahnen nicht kennen und uns unsere vererbten Talente und Anlagen nicht bewußt sind? Wir müssen von vorne beginnen.

Als ich so im Bett lag, schwirrte mein Kopf vor Ideen und Fragen. Ich beschloß, meine Lehrerin zu fragen, um Klarheit zu erlangen. Ich hob meine hirschhautbespannte Trommel auf, die neben meinem Bett lag. Ich begann, sie monoton zu schlagen, so daß meine Gehirnströme langsam genug wurden, um die unsichtbare Welt aufzusuchen, die mich umgibt. Ich fühlte das vertraute Ziehen in meinem Solarplexus, durch das mein Bewußtsein in das Reich der Dämmerung und Ruhe aufsteigt, in dem auch Isis sich befindet. Ich konnte sie zwar nicht deutlich sehen, aber ich fühlte, daß sie in meiner Nähe war. Ihre Wärme umgab mich und ich begann zu sprechen: »Isis wie sieht die Zukunft aus«?

Sie setzte sich und dachte eine Weile darüber nach. Dann antwortete sie: »Die Menschen deiner Generation verstehen nicht, daß die Antworten auf alle Fragen in ihnen selbst liegen. Sie brauchen die Lösung nicht bei anderen zu suchen. So verschwenden sie nur Kraft. Ebenso eine Kraftverschwendung ist es, bei anderen nach einer Erklärung der Wirklichkeit zu fragen. Ihr schafft auch das, woran ihr glaubt; z.B. bist du überzeugt davon, daß du Hunger leiden wirst,

dich niemand liebt oder du kein Geld hast, und schaffst dir Umstände, die deine Ängste bestätigen. Deine Mitmenschen sagen oft: »Du kannst deinen Lebensweg bestimmen«, ohne eine Ahnung zu haben, was das eigentlich bedeutet. Es wird totgeredet. Irgendwann müßt ihr verstehen lernen, daß alles, was jemand erlebt, das Gute und das Schlechte, durch das Verhalten aller Menschen hergestellt wird. Es ist wichtig, daß ihr wißt, wie eure Zukunft aussehen soll. Möchtet ihr in einer Welt leben, in der es an Essen, Wasser und Liebe mangelt, oder gefällt es euch besser, wenn all diese Dinge im Überfluß vorhanden sind? Dies ist möglich, aber vielleicht reicht der Erfahrungshorizont der heutigen Menschen dafür nicht aus. Die meisten halten an ihren Lebensumständen fest und erkennen nicht, daß es noch andere Möglichkeiten gibt. Das ist das Wichtigste, was ihr über die Zukunft lernen müßt.«

»Die Menschheit verfügt über mehr Schaffenskraft, als ihr bewußt ist; ein Potential, das nicht genutzt wird. Kreativität bedeutet, sich in Gedanken ein gesundes und glückliches Leben vorzustellen. Statt dessen verschwenden Menschen ihre Kraft darauf, die Vergangenheit zu wiederholen. Nutzt eure Vorstellungskraft. Wie wäre dein Idealbild der Welt? Katastrophen vorherzusagen ist nur eine Ausrede, um nichts ändern zu müssen. Ich frage mich, warum sich Menschen solche Horrorszenarien ausdenken. Warum müssen alle Lebewesen auf dieser Erde unter eurer beschränkten Vorstellungskraft leiden? Es macht mich sehr traurig, dies mit ansehen zu müssen. Als ich lebte, gab es auf dieser Erde viel Schönes. Alles, was geschaffen wurde, trug den Atem des Lebens in sich. Die Gebäude waren lebendig und gaben ihre Energie an alle ab, die sie betraten. Eure Häuser sind heute so tot und leer! Die Gebäude, in denen ihr lebt, sollen euch heilen. Ihr solltet über die Schönheit eurer Werke staunen können.«

»Mein Rat an dich und die Menschen, die dir nahestehen, ist, euer Leben zu ändern. Nutzt eure Erfindungsgabe, um euch das Leben so vorzustellen, wie ihr es haben möchtet. Wie fühlen sich Glück und Zufriedenheit an? Erinnert euch an mindestens einen Moment, in dem ihr glücklich wart. Was muß passieren, damit es euch wieder so geht? Glaubt an euch und daran, daß es in eurer Macht liegt, diese Gefühle in eurem Leben wiederherzustellen. Ihr werdet Veränderungen vornehmen müssen, und wie ihr wißt, beinhaltet alles Neue auch Risiken. Aber wenn ihr nicht vor Angst die Augen verschließt, merkt ihr, daß sich alles zum Positiven hin ändert. Das Leben endet nicht mit dem Tod. Er ist Wandlung, nicht der Schluß. Demnach werdet ihr wieder in diese Welt kommen. Denkt jetzt darüber nach, wie es dann aussehen soll.«

Diese letzte Aussage erstaunte mich. Ich bedankte mich bei Isis für ihre umfassenden Ratschläge und ging die Schritte meiner Reise sorgfältig wieder rückwärts. Ich kehrte mit einem Gefühl der Zufriedenheit und voller Aufmerksamkeit in meinen Körper zurück. Dann öffnete ich meine Augen und sah mich um. Ich hatte den Drang, aufzustehen und das Schlafzimmer zu verlassen. Die Enge des Zimmer was nicht auszuhalten – ich brauchte Luft.

Ich hatte die Ewigkeit völlig vergessen. Meine Gedanken über das Leben waren von der täglichen Routine aufgefressen worden, und mein Glaube bewegte sich um den täglichen Überlebenskampf. Es wurde mir klar, wie sehr ich mich selbst einschränke und wie verloren ich der Zeit gegenüberstehe.

Ich hatte sehr viel gearbeitet, um selbst zu gesunden und andere bei ihrer Heilung zu unterstützen. Ich war besessen von der Idee, noch zu meinen Lebzeiten eine neue Welt zu sehen. Ich hatte mich so sehr auf dieses Ziel versteift, daß ich vergessen hatte, daß es *kein Ende gibt.*

Ich brauchte eine Möglichkeit, meinen Blickwinkel für das Leben wieder zu erweitern und mehr auf mich zu hören. Ich wußte, daß ich diese Fähigkeiten in der Vergangenheit besessen hatte, und fragte mich, wann und wo sie mir abhanden gekommen waren. Das tägliche Leben saugte mich so auf, daß ich eine wichtige Nachricht von Isis ganz vergessen hatte, die sie mir vor langer Zeit gab: *Du mußt die menschlichen Gesetze hinter dir lassen und dich der Natur beugen.*

Nachdem ich diese Aussage verstanden hatte, fiel es mir schwer, meine Praxis weiterzuführern. Denn was beklagten meine Patienten am meisten? Beschweren sich nicht fast alle über »nicht genug?« Mangel scheint die Grundlage zu sein, auf der die Menschen ihr Leben betrachten. Als ich versuchte, die Natur besser zu verstehen, wurde mir klar, daß alles in Hülle und Fülle vorhanden ist; man muß sich jedoch bewußt werden, daß die Zyklen des Mondes und der Sonne, sowie die Tageszeit für diesen Überfluß verantwortlich sind. Diese Erkenntnis ist unserer modernen Gesellschaft, die sich kaum an die vorgegebenen Gesetze der Natur hält, allerdings fremd. Wir folgen der linearen Zeit, uns regiert die Uhr.

Ich merkte, daß ich die Luft anhielt. Ich begann zu laufen, um meine Atmung bewußt wahrzunehmen, und beschloß, in meinen Garten zu gehen. Die Kraft, die durch das Wachstum in meinem Garten spürbar war, würde mir helfen, mich zu beruhigen und wieder zu mir zu finden. Es war Spätfrühling und viele verschiedene Gemüsesorten, Kräuter und Bäume wuchsen. Ich öffnete das Tor und ging den steinernen Weg entlang. Ich setzte mich auf die Steine anstatt auf die Holzbank, auf der ich normalerweise jeden Morgen saß und in der Sonne meinen Kaffee trank. An diesem Tag schien es mir angemessener zu sein, mich auf die Erde zu setzen – um leichter alle Gedanken freizulassen, die mir während meiner Träume und der Reise in den frühen Morgenstunden gekommen waren. Ich mußte wieder zu meiner inneren Ruhe finden. Als ich mit geschlossenen Augen im Schneidersitz die Wärme der Sonne auf meinem Körper spürte, hörte ich ein Summen um mich herum. Was war das? Ich hatte geglaubt, allein zu sein. Ich öffnete meine Augen und sah mich um, sah aber niemanden. Wieder versuchte ich, mich zu sammeln, holte tief Luft und schloß wieder die Augen. Erneut summte es und ich lauschte mit geschlossenen Augen. Ich bin es gewöhnt, Dinge zu hören, wenn alles ruhig ist. Meine Trommel ist ein Weg in die unsichtbare Welt: tiefe Stille in mir ist ein anderer. Nachdem ich diesem sanften und beruhigenden Summen eine Weile lang zughört hatte, bekam ich eine weitere Nachricht. »Dies ist das Summen des neuen Lebens«. Es wurde mir klar, daß ich all den neuen Pflanzen in meinem Garten zuhörte. Die Laute eines kraftvollen Lebens so wahrzunehmen war unbeschreiblich. Ich möchte wissen, ob alles Leben dieses Summen macht: ist es möglich, am Summen zu erkennen, wie gesund jemand ist?

Hier mußte ich noch eine Menge lernen.

Welche Zukunft schaffen wir uns, wenn wir in den Verletzungen der Vergangenheit verharren?

Wir kommen alle wieder. Beginnen wir jetzt, darüber nachzudenken, auf welche Erde wir zurückkehren möchten.

Bewahren wir unsere Kraft. Verschwenden wir sie nicht, indem wir andere Leute die Wirklichkeit erklären lassen.

Wir leben in einer Welt der Fülle.

Wir müssen unsere Aufmerksamkeit wieder auf die Gesetze und Zyklen der Natur richten.

Wir haben die Kraft, eine positive Zukunft zu schaffen.

Es gibt ein »Geräusch« des Lebens.

Sähe ein Korn und es wird wachsen

ÜBUNGEN

1. Einfach die Gedanken wandern lassen: Wie möchte ich in der Zukunft aussehen und wie möche ich mich fühlen? Am besten, man notiert es sich in Stichworten oder malt ein Bild von sich selbst. Man kann auch Symbole benutzen, mit denen jeder die eigenen Gefühle ausdrückt.
Mit dieser Übung werden wir auch in der Zukunft arbeiten.
2. Auf wen verlasse ich mich, um mir eine Definition der Wirklichkeit zu geben? Ich mache mir eine Liste und bestimme, wie zutreffend die Auskünfte waren, die ich erhalten habe.

KAPITEL 2

EINE GESCHICHTE DER LEIDENSCHAFT

Ich arbeite mit einer Technik des geistigen Heilens, die sich Schamanismus nennt. Ein schamanischer Heiler reist für einen Klienten in die Geistwelt, um Informationen über die richtige Behandlungsweise des speziellen Leidens zu erlangen. Außerdem unterrichte ich schamanische Lehren und wende sie zum Nutzen meiner Umgebung an.

Eine meiner Heilmethoden ist Seelenrückführung. Hierbei werden alle wichtigen Lebensinhalte eines Klienten, die durch psychische oder physische Traumata verlorengegangen sind, zurückgeholt. Verlieren wir einen Teils der Seele, kann eine »Pforte« entstehen, durch die Krankheit eintritt. Manche Menschen, die den Verlust der Seele beklagen, fühlen sich mitunter leer oder »abwesend«. Allen Schamanen dieser Welt ist bekannt, daß eine Person, die eine Verletzung erlitten hat, einen Teil ihrer selbst verliert. Dies ist ein Überlebensmechanismus, denn erlebt der Betroffene ein Trauma bei vollem Bewußtsein, ist es möglicherweise nicht auszuhalten. Später ist es dann die Aufgabe des Schamanen, den verlorengegangenen Teil der Seele aufzuspüren und dem Körper zurückzugeben.

Ich arbeite mit Menschen, die verschiedenste Arten von Verletzungen durchlitten haben. Obwohl ich oft Vorbehalte gegenüber der Behandlung von schwerkranken Patienten habe (ein Thema, das ich noch an anderer Stelle aufgreifen werde), fürchte ich mich nicht vor der eigentlichen Krankheit. So lange ich mit meinen helfenden Geistern arbeite, denen ich völlig vertraue, kann mir nichts passieren. Die Kraft der Geister, auf die ich mich im Schamanismus verlasse, verkörpern die Kraft des Universums; ich nutze nicht meine eigene Energie, sondern bin Hand, Herz und Kopf der Geister, mit denen ich arbeite. Um selbst zu wachsen, habe ich Lehrer mit menschlichen Zügen in der Anderswelt, die mir helfen, mein Bewußtsein zu entwickeln. Bei meiner Heilarbeit mit Klienten greife ich auf die Geister von Tieren zurück, die mir Anweisungen und Kraft vermitteln. Zuerst frage ich meine Klienten, ob sie sich an irgendwelche Verletzungen oder Mißhandlungen erinnern können. Die Erfahrung zeigt, daß meine schamanische Arbeit um so erfolgreicher ist, je mehr Informationen mir zur Verfügung stehen. Ohne Hinweise muß ich einen Großteil meiner Reisen damit verbringen, die Geschichte des Hilfesuchenden in Erfahrung zu bringen, bevor ich mich dann den zur Heilung erforderlichen Notwendigkeiten widmen kann.

Aus diesem Grund versuche ich inzwischen, bereits vor Behandlungsbeginn alle notwendigen Details in Erfahrung zu bringen. Als schamanische Heilerin muß ich meinen helfenden Geistern völlig vertrauen können; wir müssen ein starkes Team bilden. Als ich mit Seelenrückführung begann, mußte ich zuallererst verstehen, wie die Geister mir helfen. Mir war bewußt, daß ich mich auf sie verlassen konnte, verstand aber noch nicht, was eigentlich passierte. Während meiner früheren Seelenrückführung zog ich es vor, mit sowenig Vorinformationen wie möglich zu reisen, denn auf diese Weise brauchte ich mir nicht die Frage zu stellen, ob ich eine bestimmte Sache wirklich durch die Geister oder aber durch meinen Klienten erfahren hatte. Die ersten Jahre verbrachte ich damit, zuerst zu meiner Vorgehensweise Vertrauen zu fassen, und danach zu mir selbst.

Nachdem nun zwischen mir und meinem Krafttier eine starke Bindung besteht, kann ich in meiner Arbeit weiter vordringen. Bereits zu Beginn meiner Reise kann ich mein Krafttier über Einzelheiten bezüglich eines Klienten befragen, die dieser mir später bestätigen kann, aber ich brauche keine kostbare Zeit mehr für oberflächliche Diskussionen mit meinem Krafttier zu verschwenden.

Bei der Seelenrückführung sind mein Klient und ich gleichermaßen gefordert. Wir beide müssen für die Kraft des Universums empfänglich sein, damit eine Heilung gelingt. Wenn ich während der Behandlung meine eigene Energie nutze, fühle ich mich später ausgelaugt und könnte krank werden. Wenn ich mich der heilenden Kraft des Universums öffne, aber mein Klient sich verschließt, gelingt möglicherweise die Heilung nicht. Da dies ein so wichtiges Thema ist, habe ich viel Zeit, sowohl in Trance als auch im Wachzustand, damit verbracht, darüber nachzudenken. Die Fähigkeit, empfänglich zu sein, ist in allen Bereichen des Lebens überaus wichtig. In meiner Arbeit als Schamanin muß ich bereit sein, die Kraft des Universums in mich aufzunehmen. Entsprechend muß jeder, der Heilung sucht, ebenfalls die Energie der Heilung zulassen.

Als Anne, die unter den Nachwirkungen eines Autounfalls litt, zu mir kam, klagte sie darüber, daß ihr Leben sich verändert hatte, seit sie von der Straße abgekommen und gegen einen Baum gefahren war. In diesem Fall mußte ich nicht sehr weit in die Vergangenheit zurückgehen, um den verlorenen Teil ihrer Seele wiederzufinden. Ihr Unfall hatte sich erst vor sechs Monaten ereignet.

Für die Seelenrückführung bitte ich Anne, sich neben mich auf den Teppich in meinem kleinen Zimmer zu legen, wo ich arbeite. Ich berühre sie an Schulter, Hüfte und den Fußgelenken, damit eine starke psychische Verbindung zwischen uns entsteht. Ich benutze eine Kassette mit Trommellauten, damit meine Seele meinen Körper verlassen und sich auf die Suche nach Annes Seele begeben kann. Wenn die Seele aus dem Körper geschreckt wird, fühlen wir uns ständig zu ihr hingezogen. Wir können nicht all unsere Energie auf die Gegenwart richten, denn gleichzeitig fühlen wir uns dem Teil unserer Seele verbunden, den wir in der Vergangenheit verloren haben. Aus diesem Grund ist es nicht verwunderlich, daß so viele von uns ihre Vergangenheit nicht loslassen können; Teile unserer Seele stecken in nicht verarbeiteten Verletzungen.

Die Eingeborenen-Kulturen kannten dieses Problem. Hatte ein Mensch einen Unfall, wurde krank oder erlebte etwas Schreckliches, begab sich der Schamane auf die Suche nach der verlorenen Seele und brachte sie zurück. Aber in unserer modernen Welt, wo nur das einen Wert hat, was sichtbar und statistisch nachweisbar ist, wird eine Krankheit, die ihren Ursprung im Spirituellen hat, nicht mehr erkannt. Oft muß ich zehn, zwanzig oder sogar bis zu sechzig oder siebzig Jahren zurück in der Vergangenheit suchen, um verlorene Teile der Seele wieder aufzuspüren. Wie schrecklich muß es für diese Menschen sein, solch eine lange Zeit von ihrer Seele getrennt zu sein. Kein Wunder, daß unsere Gesellschaft krank ist. Menschen sind sich selbst entfremdet, wissen nicht mehr, wer sie eigentlich sind, und schauen nicht mehr nach vorne, sondern bleiben seelisch ihrer Vergangenheit verhaftet.

Die Herausforderung bei Anne war nicht so groß. Sie hörte von meiner Arbeit und kam bereits kurz nach dem Unfall in dem Bewußtsein zu mir, daß sie bei dem Unfall einen Teil ihrer selbst verloren hatte.

Nachdem ich Anne die Methode der Seelenrückführung beschrieben hatte, frage sie mich: »Warum kommt meine Seele nicht von selbst zurück? Warum schaffe ich das nicht allein«?

Diese Frage wird häufig gestellt. Manchmal kehrt die Seele selbständig zurück, aber oft verirrt sie sich auch in der spirituellen Welt, in die sie flieht, und in diesem Fall ist Hilfe von außen nötig. Es ist jedoch auch möglich, daß die Seele, besonders bei Mißbrauch in früher Jugend, sich grundsätzlich davor fürchtet, wiederzukommen. Sie weiß nicht, daß sie nun in Sicherheit ist. Oder die Seele wurde tatsächlich gestohlen. Jemand anderes kann uns einen Teil unseres Selbst wegnehmen, um weiterhin mit uns in Verbindung zu bleiben, oder um uns Kraft und Energie zu rauben. Wenn Anne mir erzählt hätte, daß es ihr nach ihrem Unfall gut geht und sie sich lebendig fühlt, würde ich annehmen, daß ihre Seele von alleine zurückgefunden hat. Aber da sie Beschwerden hatte und sich seither »abwesend« fühlte, war der Beweis, daß sie unter Seelenverlust litt.

Manchmal treten spontane Heilungen auf – dies sind Geschenke der Geister – aber dies scheint nicht die Regel zu sein. Normalerweise ist ein Teil der Seele verlorengegangen, weigert sich zurückzukehren, oder wurde von jemand anderem gestohlen.

Ich erklärte Anne, daß die Rückführung ihrer Seele eine heilige Angelegenheit sei. Sie schaute sich in meinem Zimmer um. Es war hell erleuchtet: das Licht fiel durch die Fenster und bunte Tiere, Kerzen und Steine ließen es wie ein Kinderzimmer erscheinen. Anne sagte, sie fühle innere Sicherheit und Frieden, aber sie wisse nicht, warum. Als sie dann ihre Augen schloß und tief einatmete, spürte sie die Anwesenheit der Geister. Obwohl Anne mich erst an diesem Morgen kennengelernt hatte, vertraute sie mir. Sie verstand meine Erklärungen über Seelenverlust und Schamanismus, und ihr erschien alles richtig und logisch, obwohl sie sich noch nie mit Seelenrückführung befaßt hatte. Sie glaubte an mich und freute sich, mit mir zusammenzuarbeiten. Es war ihr klar, daß sie von dem, was vor sich ging zu wenig verstand, um es selbst bewältigen zu können. Sie fühlte sich bereit.

Nachdem Anne sich sicher fühlte und Vertrauen hatte, erklärte ich den Vorgang der Seelenrückführung. Ich würde mich neben ihr auf den Boden legen und ein Band mit Trommeln anhören. Dies würde es meiner Seele ermöglichen, meinen Körper zu verlassen und in der anderen Wirklichkeit nach ihrer Seele zu suchen.

»Deine Seele erstmal zu finden ist leicht, denn ich habe helfende Geister, auf die ich mich dabei verlassen kann. Schwieriger ist es, die Konzentration aufrecht zu erhalten, die ich benötige, um deine Seele dann tatsächlich von der anderen Welt hierherzubringen – ich halte einen wirklichen Teil von dir in meinen Händen, muß mich konzentrieren und ihn dir dann weiter einblasen.«

»Was kann ich dazu beitragen?« fragte sie.

»Bleibe geistig so offen wie möglich«, erwiderte ich. »Versuche, mich sehen zu lassen, was mit dir bei dem Unfall passiert ist. Behindere mich nicht dabei.«

Ich wußte, daß sie trotz ihrer Aussagen möglicherweise meinen Anweisungen unbewußt nicht folgen würde. Wenn Anne für ihre Heilung noch nicht bereit war oder sich unbewußt doch nicht wirklich sicher bei mir fühlte, würde sie sich verschließen und mir und meinen helfenden Geistern die Aufgabe erschweren. Indem ich ihr diese Anweisungen gab, öffnete ich eine Tür.

Ich erinnerte sie nochmals: »Vergiß nicht, daß es sich um eine Heilung handelt, die hier vor sich geht. Ich bereite mich darauf vor, dir deine Seele wiederzugeben. Bleib bitte aufmerksam und bereite dich darauf vor, sie in Empfang zu nehmen.«

In den vergangenen Jahren habe ich viel von dieser Anweisung geträumt. Ich bin jemand, der Informationen hauptsächlich über das

Gehör aufnimmt, deshalb bekomme ich Mitteilungen oft im Traum gesagt. In den vergangenen Jahren habe ich wieder und wieder eine immer gleichlautende Botschaft erhalten: »Der Erfolg des Heilens liegt in der Fähigkeit des Klienten, die Heilung zuzulassen.« Immer wenn ich diesen Traum habe, scheint er in einer anderen Form zu kommen. Beim ersten Mal hörte ich nur die Worte. Ich fand es interessant, aber es berührte mich nicht sehr, sondern war eher oberflächlich.

Als ich das letzte Mal träumte, war es jedoch ganz anders. Ich fühlte die Worte. Im Traum spürte ich, wie es ist, die heilende Energie aufzunehmen. Ich wünschte, daß mir dies auch im Wachzustand so gelingen würde. In der Reise durch mein eigenes Leben befasse ich mich ständig mit der Frage des »Empfangens«. Für mich ist es im Augenblick die größte Herausforderung, meine Klienten zu lehren, was eine Heilung bedeutet.

Meine Aufgabe ist es, Samen zu säen. Ich mache ihnen einen Vorschlag und weiß, daß sich ihr Unterbewußtsein damit auseinandersetzen wird. Heilung ist nicht eine einmalige, sofortige Angelegenheit. Sie braucht Zeit, um sich zu vertiefen. Die Ergebnisse einer Sitzung können sich nach Wochen oder Monaten zeigen; diese Zeit braucht die Seele, um sich mit dem Körper wieder zu verbinden. Ich habe absolutes Vertrauen, daß jeder die Heilung in der für ihn vorgesehenen Zeitspanne erlangen wird, aber es frustriert mich oft, zu wissen, daß es viel schneller ginge, wenn wir uns nur öffnen könnten.

Menschen sind weniger empfänglich und für die Rückerlangung ihrer Seele blockiert, wenn sie sich zu lange mit den Einzelheiten des Verlustes aufhalten statt daran zu denken, daß sie etwas zurückbekommen. Ein Teil meiner Arbeit besteht darin, die Klienten an den Grund unserer Zusammenarbeit zu erinnern.

Während meiner Reise außerhalb von Zeit und Raum, die ich für Anne unternahm, konnte ich den Teil ihrer Seele, die ihren Körper während des Unfalls verlassen hatte, erfolgreich wiederfinden. Ich zog ihn aus der nicht alltäglichen Welt zurück in die alltägliche Wirklichkeit und blies ihn zurück in Annes Herz und dann, nachdem ich sie hatte sich hinsetzen lassen, in den Scheitelpunkt ihres Kopfes.

»Welcome Home«, sagte ich und sah ihr in die Augen. Anne atmete tief ein. »Vielen Dank«, antwortete sie mir und ihre Augen füllten sich mit Tränen. »Du kannst dir nicht vorstellen, wie es mir geht. Ich fühle mich wie ein leerer Ballon, in den Gas gepumpt wird.« Dies zeigte mir, daß Anne die Heilung tatsächlich erfahren hatte.

Da Offenheit und Empfänglichkeit, wie ich bereits gesagt habe, für eine Heilung so wichtig sind, verwende ich einen großen Teil meiner Arbeit darauf, die Klienten vorzubereiten. Ich schlage ihnen vor, am Abend vor der Sitzung um einen Traum zu bitten, um ihnen zu verdeutlichen, daß eine Heilung stattfinden wird und sie dafür Offenheit brauchen. Sie sollen beim Zubettgehen still, aber deutlich daran denken, daß sie von dieser Heilung träumen möchten, um sich darauf einzustimmen. Selbst wenn der Verstand noch nicht bereit ist, kann das Unterbewußtsein im Traum eine große Hilfe sein.

Eine andere Herausforderung in meiner Arbeit ist es, die Menschen aufzufordern, für ihre eigene Gesundung Verantwortung zu übernehmen. Oft wird von mir »geistiges Aspirin« verlangt; ich soll die Symtpome kurieren. Es ist mein fester Glaube, daß einer der Schlüssel einer erfolgreichen Heilung die Bereitschaft ist, sich mit dem, was im Leben eines Menschen schiefgelaufen und die Krankheit mit verursacht hat, auseinanderzusetzen. Aus dieser Überlegung heraus habe ich Bedenken, mit Schwerstkranken zusammenzuarbeiten. Es bedarf eines starken Willens, um die Ursache der Erkrankung zu finden – es kann nicht aus einem Gefühl von Schuld heraus geschehen – und um die Veränderung einzuleiten, die eine Rückkehr der Krankheit verhindern.

In einer Sitzung mit Mary, die an Aids leidet, erkannte ich, wie der Wille, eine Heilung zu erfahren, und die Absicht, das Leben zu ändern, miteinander verknüpft sind.

Mary war extrem blaß, als sie mich das erste Mal aufsuchte. Sie hatte wenig Lebensenergie und ihre blauen Augen sahen verschattet aus. In meinem Zimmer war es kühl, da die Solarheizung an jenem Morgen aufgrund der Bewölkung nicht funktionierte. (Ich habe es gerne kalt; es fördert meine Aufmerksamkeit für die kommenden Dinge.)

Mary sagte, sie komme auf Empfehlung einer Freundin. Ich verstand, daß die Krankheit, an der Mary litt, ihre Kraft aufzehrte, aber ich konnte nicht erkennen, ob Mary tatsächlich aus eigenem Antrieb kam oder warum sie hier war.

Von kranken Menschen lernte ich, so aufrichtig und direkt wie möglich zu sein, da davon so viel abhing.

Ich fragte sie also: »Mary, möchtest zu leben?«

Mary sah etwas schockiert aus, da sie eine so direkte Frage nicht erwartet hatte.

Ich fuhr fort: »Ich möchte ein Gefühl dafür bekommen, worum sich unsere Arbeit heute früh drehen soll. Manche Leute erwartet auf ihrer Genesungsreise eine lebenslange Heilung. Andere erwarten eine Erlösung durch den Tod. Ich möchte gerne wissen, ob du im Moment weißt, was Heilung für dich bedeutet, damit ich verstehen kann, welche Absicht du hast.«

Mary sagte: »Ich glaube, ich möchte leben.«

Sie begann mir ihre Krankengeschichte zu erzählen. Sie hatte sich selbst bereits von zwei lebensbedrohlichen Erkrankungen geheilt und war bereits zehn und fünf Jahre vor ihrer Aids-Erkrankung mit dem Tod konfrontiert worden.

Ich fragte Mary noch, ob es aus ihrer Kindheit etwas gab, das ich vor meiner Reise, die ich für sie unternahm, wissen sollte.

Sie verneinte und sagte, daß es in ihrer Vergangenheit kein einzelnes Ereignis gäbe, was herausragte. Sie erklärte mir, sie sei zwar nicht körperlich, aber seelisch mißbraucht worden. Ich fragte nicht nach Einzelheiten: ich wollte den Geistern überlassen, mir Einzelheiten aus Marys Leben zu zeigen. Ich fand es jedoch von großer Wichtigkeit, daß dies bereits ihre dritte lebensbedrohliche Krankheit war. Offensichtlich gab es hier etwas, was näher untersucht werden mußte.

Um Mary auf die kommende Arbeit vorzubereiten, erklärte ich ihr, daß wir uns beide dicht nebeneinander auf den Boden legen würden und ich dabei für sie reisen würde, um für sie nützliche Teile ihrer Seele wiederzufinden.

Um meine erste Kontaktaufnahme mit den Geistern zu versinnbildlichen, zündete ich eine Kerze an. Dann nahm ich meine Rassel und stimmte das Lied an, mit dem ich immer meine Heilerarbeit beginne. Ich denke dabei an meine innige Verbindung zu meinem Krafttier und den helfenden Geistern sowie zu allem, das lebt. Am wichtigsten ist aber, daß sich, während ich das Lied laut singe, mein Herz öffnet und mir die nahende spirituelle Hilfe erschließt. Nachdem ich eine Zeitlang gesungen hatte, sah ich die Gestalt eines kleinen Mädchens. Hier war der erste Teil der Seele, und er diente mir als Hinweis, mich jetzt neben Mary zu legen und das Band mit den Trommeln ablaufen zu lassen.

Meine befreite Seele schwebte durch meinen Solarplexus aus meinem Körper. Ich driftete durch die Vergangenheit in der Mittleren Welt, wo ich mich mit meinem Krafttier traf. Wir sahen Mary, wie sie in einem Vorort auf ihrem Dreirad fuhr. Die Straße war von alten Bäumen gesäumt und rechts und links davon konnten wir Häuser erkennen. Es war ein wunderbarer Tag und es gab viel, an dem Mary sich hätte freuen können. Aber dem war nicht so. Die Sonne schien, der Himmel war blau, grüne Bäume und bunte Blumen umgaben sie, als sie auf ihrem Dreirad die Straße entlangfuhr, aber etwas fehlte: Mary zeigte keinerlei Gefühlsregung. Sie bemerkte die Schönheit um sie herum gar nicht und war völlig apathisch.

Während ich dies erkannte, fing mein Krafttier an, mir Marys Lage zu erklären. »Was du siehst, ist Marys Schutzmechanismus. Sie bekommt keinerlei emotionelle Unterstützung und um den Schmerz nicht zu fühlen, hat sie sich vom Leben zurückgezogen.« Er fuhr fort, »Die Ursache ihrer Erkrankung ist Apathie und die Heilung liegt in der Leidenschaft. Mary ist ein Beispiel dafür, was passiert, wenn etwas im Körper einen stärkeren Willen hat, am Leben zu bleiben, als die eigentliche Person. Die Krankheit gewinnt. Sie hat die größere Leidenschaft zum Leben. Sag Mary, daß die Ursache ihrer Krankheit in der Apathie liegt und sie durch Leidenschaft geheilt wird.« Das Krafttier wiederholte den letzten Satz einige Male und betonte, wie wichtig und ernst gemeint er war.

Das kleine Mädchen auf dem Dreirad war ungefähr drei Jahre alt. Ich fragte sie, ob sie mit mir zur erwachsenen Mary zurückkehren wollte. Sie bejahte und sagte mir, daß sie Mary helfen würde, in ihrem Leben wieder Leidenschaft zu finden. Die Dreijährige hatte sich apathisch gezeigt, um zu erklären, warum sie Mary verlassen hatte. Als sie gegangen war, hatte sie alle Lebendigkeit mitgenommen. Sie war die Kraft, die Mary zum Weiterleben brauchte. Obwohl dieser Teil der Seele der wichtigste war, wies mich mein Krafttier an, noch mehr Seelenteile von meiner Reise mitzubringen, die Mary bei ihrer Genesung helfen konnten. Ich machte weiter und entdeckte in der Oberen Welt eine Dreizehnjährige, die an der Schwelle der Entwicklung zur Frau keine Vorbilder hatte, an denen sie sich in ihrem nächsten Lebensabschnitt orientieren konnte. Dann fand ich noch einen Teil von Mary, der sie verlassen hatte, als ihre kontrollierenden Eltern sie dazu brachten, einen Mann, den sie geliebt hatte, aufzugeben. Beide Seelenteile wollten zurückkehren.

An diesem Punkt sagte mir mein Krafttier, daß es nun genug sei: »Das reicht jetzt. Verlaß mich mit diesen drei.« Mit der Zeit habe ich gelernt, die Entscheidungen oder Anweisungen meines Krafttieres in meiner Heilarbeit niemals in Frage zu stellen, denn das Universum weiß viel besser als ich, was zu welcher Zeit notwendig ist.

Ich kehrte in meinen Körper zurück und hatte die Seelen, die ich mitbringen sollte, bei mir. Die Worte »Der Grund ist Apathie, die Medizin Leidenschaft« hallten durch meinen Kopf.

Indem ich mich auf die einzelnen Teile der Seele, die ich in meinen Händen hielt, konzentrierte, kniete ich mich hin und blies sie in die Mitte von Marys Herz und dann, nachdem sich auch Mary hingesetzt hatte, auch noch in die Krone ihres Kopfes.

Ich hieß Mary zu Hause willkommen und berichtete ihr dann von meiner Reise. Hierbei betonte ich, daß mir bei der Szene mit dem Dreirad nicht klar war, ob sie eine übertragene oder eine wirkliche Bedeutung hatte. Als ich von der Dreijährigen erzählte, bemerkte ich ein Leuchten in ihren Augen.

Mary wünschte eine genauere Erklärung, was ich meinte, wenn ich sagte, daß sie durch Leidenschaft geheilt würde. *»Leidenschaft«* ist ein Wort, das leicht zu Mißverständnissen führen kann, denn wir leben in einer Kultur, die ihre Leidenschaft für das Leben verloren hat. Hierfür gibt es viele gute Gründe – wir alle haben in der Vergangenheit unsere eigenen Mißhandlungen erlebt – aber ungeachtet der Ursache bleibt es ein Problem für Mary und viele andere. Wie konnte ich Mary die wahre Bedeutung von Leidenschaft verständlich machen?

Ich fragte sie: »Mary, welche Dinge können dich in Begeisterung versetzen? Was macht dir viel Spaß? Malst du gerne, arbeitest du gerne mit Ton oder tanzt du gerne oder gehst spazieren? Überlege, wie könnte Leidenschaft in deinen kühnsten Träumen aussehen?«

Mary schwieg einen Moment lang und sagte dann, daß ihr Spaziergänge gefielen. Sie war nicht richtig begeistert, aber es reichte für den Anfang.

Ich habe oft gesehen, daß Menschen ihre Visionen sabotieren. Sie setzen sich unerreichbare Ziele, die ihnen Kraft rauben und sie so lähmen, daß sie ihr Leben nicht mehr selbst in die Hand nehmen können. Deshalb sehe ich es als eine meiner Aufgaben an, das »Konzept der kleinen Schritte« zum Erreichen der Ziele weiterzugeben.

Bei Mary bestand der erste Schritt darin, sie zum Spazierengehen zu bewegen. »Zu welcher Tageszeit gehst du am liebsten raus? Wo gehst du gerne spazieren? Was ist im Augenblick für dich machbar? Wie kannst du dieses Vergnügen als festen Bestandteil in dein Leben einbauen?«

Mary beantwortete alle diese Fragen. Sie schien offen für diesen Schritt. Und dann sagte sie etwas, was mich wirklich kurz aus dem Gleichgewicht brachte. »Was passiert eigentlich, wenn ich die Dreijährige nicht in mir festhalten kann? Ich habe das Gefühl, ich soll sie gehen lassen.«

Als ich diese Frage hörte, erinnerte ich mich daran, daß es die Kleine war, die das Stück der Seele mit dem Willen und der Energie zum Leben zurückbrachte. Ich bin davon überzeugt, daß Mary das Leben generell ablehnte und sich aus diesem Grund gegen diesen Teil sperrte. Ohne zu werten erkannte ich, daß Mary eine Heilung ablehnte.

Wir alle haben das Recht, unsere eigenen Entscheidungen zu treffen. Mary entschied unbewußt, denn es war ihr nicht klar, daß sie das Leben zurückwies. Ich vertraute ihr, selbst die für sie beste Wahl zu treffen.

Dabei mußte ich an die Worte denken, die ich ständig in meinen

Workshops wiederhole: »Der Tod bedeutet nicht, versagt zu haben, sondern ist eine andere Art der Heilung.«

Ich wollte meine Vorstellungen nicht auf Mary übertragen. Meine Arbeit für sie war getan, alles weitere lag in ihrer Hand. Ich erklärte ihr, daß sie jeden Teil ihrer Seele wegschicken konnte; sie hatten sie bereits einmal verlassen und würden wieder gehen. Die Dreijährige könnte man auch zu einem späteren Zeitpunkt, zu dem Mary dann bereit dazu war, wieder nach Hause holen.

Außerdem machte ich ihr noch Mut, spazierenzugehen und weitere Aktivitäten zu finden, die ihrem Leben eine Bereicherung oder Bedeutung geben würden. Zum Schluß wünschte ich ihr alles Gute.

Als Mary gegangen war, wurde mir bewußt, daß ich eine unglaubliche Lektion erhalten hatte und lange brauchen würde, dies alles zu verdauen. Immer wieder hörte ich die Worte: »Mary muß verstehen lernen, was passiert, wenn eine andere Kraft in ihrem Körper mehr Lebenswillen besitzt als sie.« Ich hatte ihr gegenüber diese Aussage oft wiederholt und gehofft, daß sie die Bedeutung irgendwie erfassen würde. Sie starb sechs Monate später: vielleicht war sie innerlich für eine andere Art von Heilung bereit.

Ich fragte mich, ob ich einen Hinweis in bezug auf Krankheit erhalten hatte. Meinen Erfahrungen nach ist der Lebenswille den Menschen in unserer Kultur verlorengegangen. Es gibt heute genügend lebensbedrohliche Krankheiten. Erkrankungen bestehen aus anderen Lebensformen (Viren, Bakterien, Krebszellen). Ist es möglich, daß sie aufgrund unseres Mangels an leidenschaftlichem Lebenswillen gedeihen?

Aber wie kann ich die Menschen für das Leben begeistern? Auf welche Fragen sollen sie sich nach der Heilung konzentrieren? Ich lehnte mich zurück und starrte die Pinien und Wacholderbüsche an, die mein Haus umgaben. Meine Aufmerksamkeit konzentrierte sich langsam auf die Bäume. Welche Frage ist am wichtigsten? Die Worte fanden sich in meinen Gedanken zusammen: »Wie möchtest du deine kreative Energie, nun, da du geheilt bist und dein Körper wieder eins ist, nutzen? Wie möchtest du die Kraft zu deinem Vorteil nutzen, anstatt sie in eine neue Krankheit, Tragödien, oder ein Trauma zu investieren?«

Dies war der Anfang. Ich bemerkte, wie mich meine Bemühungen, den Menschen weiterzuhelfen, ganz anfüllten. Dieser Plan, eine neue Zukunft zu schaffen, den mir Isis eingegeben hatte, faszinierte mich mit seinen Möglichkeiten. Es war mir bewußt, daß ich diese Sache extrem betrachtete, doch momentan neigte sich die Waagschale mehr zugunsten der Rückbesinnung auf die Vergangenheit, und ich hatte das Gefühl, daß meine radikale Einstellung vielleicht ein bißchen für Ausgleich sorgen konnte.

An diesem Punkt meiner Arbeit verstand ich, daß der Klient als erstes seine Heilung annehmen muß. Nach erfolgter Genesung ist es für ihn dann wichtig, sich ein Leben nach der Krankheit vorzustellen. Hierzu sind zwei Fragen von Bedeutung: Welche Veränderungen muß ich in meinem Leben vornehmen, um gesund zu bleiben? Wie möchte ich meine Energie einsetzen, um etwas Positives zu schaffen?

Ich nehme mir gerne Zeit, damit meine Gedanken sich setzen können. Dazu brauche ich Stille und Ruhe. Es macht mir keinen Spaß und bringt mir auch keinen Gewinn, Ideen endlos zu analysieren, sondern neue Pläne werden unbewußt ein Teil meiner selbst. Sie sickern ein und ruhen dann, bis ich sie nach einer Weile wieder gebrauchen kann.

Der Erfolg einer Heilung hängt von der Fähigkeit des Klienten ab, sie anzunehmen.

Verlaß Dich auf Deine Intuition, um zu heilen.

Letztendlich müssen wir die Verantwortung für unsere Genesung übernehmen, indem wir lebensbejahende Änderungen durchführen.

Haben möglicherweise andere Lebensformen, wie z. B. Bakterien und Viren, einen stärkeren Lebenswillen als ihr Wirt? Ist der Lebenswille eines Menschen der Schlüssel zu seiner Heilung?

Es ist wichtig, die eigenen Ziele nicht zu hoch zu stecken, damit sie einen nicht von vornherein entmutigen und Kraft nehmen.

Wie möchte ich meine Energie einsetzen, um mir eine gute Zukunft zu bereiten?

Das Universum ist nicht »hinter uns her«.
Es versucht, uns zu heilen.
Gefahrlos können wir uns gegenüber allem öffnen,
was von dort kommt.
Wir können diese Liebesgabe annehmen.

ÜBUNGEN

1. Wie kann ich in meinem Leben die Fähigkeit, Dinge anzunehmen, fördern? Wir empfangen über unsere Sinne; durch Übungen fördern wir diese Gabe. Bei einem Spaziergang kann ich mich auf etwas aus der Natur konzentrieren; vielleicht eine Pflanze, einen Vogel, den Himmel, an dem er fliegt, einen Stein, Baum oder ein Insekt. Es reicht, nur einen Gegenstand auszuwählen. Jetzt betrachte ich ihn genau. Welche Farbe hat er? Ich schau ihn an und denke nicht darüber nach. Sehen, ohne zu analysieren. Nun blicke ich mich um und suche etwas, was ich berühren kann, ein Tier oder einen Gegenstand. Einfach nur anfassen. Ich nehme in mir auf, wie es sich anfühlt. Welche Temperatur hat es? Ist es weich oder hart? Wie ist sein Äußeres beschaffen? Nicht darüber nachdenken, sondern einfach nur in sich aufnehmen.
Als nächstes finde ich etwas, das ich riechen kann. Dabei bietet es sich an, die Augen zu schließen und alle störenden Gedanken abzublocken. Einfach nur atmen.
Ich öffne meine Ohren, um die Laute, die mich umgeben, aufzunehmen. Vielleicht höre ich lieber natürliche als künstliche Geräusche? Ich nehme sie in mich auf und lausche.

Wir besitzen noch weitere Sinne, die wir schärfen können. Unsichtbare Sinne, mit denen wir sehen, hören, fühlen und riechen können. Aber fürs erste reicht es. Indem wir mit den Sinnen beginnen, die für uns leicht zugänglich sind, beginnen wir, unsere Empfänglichkeit zu trainieren. (Wer fühlt sich bei diesen Übungen nicht lebendiger?)

2. Vor dem Zubettgehen bitte ich um einen Traum, der mir zeigt, wie ich meine Wahrnehmungsbereitschaft erhöhen kann. Diese Übung am besten so lange jede Nacht wiederholen, bis man sich an einen Traum erinnern kann.

3. Wer sich bereits seit einiger Zeit auf dem Weg der Genesung befindet, kann sich fragen, habe ich mich genug mit der Vergangenheit befaßt? Wenn man diese Fragen mit »Ja« beantworten kann, dann ist es Zeit über den nächsten Schritt nachzudenken. Was muß ich in meinem Leben ändern, um psychisch und physisch gesund zu bleiben?

Daran zu denken und sich erreichbare Ziele zu setzen, ist wichtig, um sich nicht zu überfordern. Wenn mir schon der Anblick dessen, was vor mir liegt, die Kraft nimmt, werde ich nichts zu einer Gesundung beitragen.

Wer schon mit schamanischen Reisen Erfahrung hat, dem hilft es vielleicht, bei seinem Krafttier oder Lehrer Hilfe in diesen Dingen zu finden.

Ich schätze den Mut, den jeder aufbringt, das eigene Leben positiv zu verändern. Und ich hoffe, jeder Einzelne erkennt dies ebenfalls an und nimmt sich die Zeit, die jeder für die eigene Arbeit braucht. Uns soll bewußt sein, daß wir, indem wir unsere Aufmerksamkeit für diese Dinge erhöhen, sowohl für uns als auch für alles Leben auf dieser Erde Gutes tun.

KAPITEL 3

»SEELISCHE VERSCHMUTZUNG«

nach oben kommen
nach langem, tiefem Tauchen
endlich Luft!
Ich lebe

Linda Crane

Ich habe viele, nach der Heilung wichtige Gesetze des Lebens von meiner Lehrerin Isis gelernt. Vor zwei Jahren machte ich eine überraschende Erfahrung, die mich dazu brachte, die richtige Nutzung der gedanklichen Energie zu untersuchen – eine Grundlage um zu verstehen, wie wir eine positive Gegenwart und Zukunft schaffen können. Dieses Ereignis war so beeindruckend, daß ich meine Erfahrungen weitergeben möchte.

»Was hast du gerade gedacht?«

»Was?« fragte ich, aus meinen Gedanken gerissen.

»Was hast du gerade gedacht?« wurde die Frage wiederholt.

»Wer spricht da?« wunderte ich mich, während ich im Schaukelstuhl in meinem Garten saß und ins Leere starrte.

»Ich bin es, Isis. Also, an was hast du gerade gedacht?«

Ich war völlig überrascht. Isis war noch nie so plötzlich aufgetaucht. Es mußte sich schon um etwas sehr Wichtiges handeln. Als sie zu mir sprach, hatte ich gerade dagesessen und vor mich hin geträumt; ich versuchte, meine Gedanken zurückzuverfolgen. Woran hatte ich gedacht, daß Isis einfach so auftauchte? Die Erinnerung an meinen Ärger über eine kürzlich zurückliegende Auseinandersetzung mit einem Freund kam zurück.

Isis wiederholte: »Was hast du gerade gedacht? Wohin schickst du die Energie, die in diesen Gedanken liegt?«

»Ich dachte daran, wie sehr ich mich über einen meiner Freunde geärgert habe«, antwortete ich, »und ich habe keine Ahnung, wo die Energie hingegangen ist.«

»Vielleicht solltest du jetzt aber darüber nachdenken. Gedanken enthalten Energie und Energie schafft Materie. Es ist Zeit, daß du mehr Verantwortung für den Umgang mit deiner Energie übernimmst.«

»Isis, ich glaube, ich verstehe, was du sagen willst, aber kannst du mir die Sache langsam erklären?

Ich schloß meine Augen, konnte Isis aber kaum erkennen. Dies war einer der Momente, in denen Worte wichtiger waren als Bilder. Also versuchte ich nicht länger, sie zu sehen, und beschränkte mich darauf, ihr zuzuhören.

»Du lehrst in deinen Workshops, daß die spirituellen Störungen, die Krankheiten hervorrufen, von negativen Gedanken herrühren. Es ist Zeit, daß du deine eigenen Gedankengänge verlangsamst und Verantwortung für das übernimmst und auch wirklich verstehst, was du unterrichtest. Eine solche Aussage hat weitreichende Folgen für alle Formen des Lebens sowie für die Erde. Deine Worte und Gedanken beeinflussen mit der Energie, die sie aussenden, alles Leben um dich herum.«

Ich dachte wieder an meine Wut und versuchte, die Kraft, die ich gerade ausgeschickt hatte, geistig zurückzuholen.

»Was willst du jetzt mit der Energie machen? Du kannst sie nicht behalten, sonst wird sich die Kraft deiner Wut in dir festsetzen und spirituelle Störungen verursachen«, fragte Isis mich.

»Ich gebe sie an die Erde weiter, die wird wissen, was mit ihr zu tun ist«, antwortete ich.

»Ich will, daß du dich mit der Erde in Verbindung setzt, und sie fragst, was sie davon hält.«

Ich ging ins Haus und holte eine der Trommeln, die ich nach draußen zum Schaukelstuhl nahm. Dann begann ich zu trommeln.

Durch das Trommeln konnte meine Seele meinen Körper verlassen und in die Untere Welt reisen, die ich durch einen Baumstamm erreichte. Schnell glitt ich durch die Erde den kalten und zugigen Tunnel entlang. Ich weiß, wie ich mit der Erde sprechen kann: auf meinen früheren Reisen habe ich es schon oft getan. Ich begab mich an einen Platz tief in ihrem Inneren und setzte mich an eine Feuergrube. Hier wurden meine Fragen durch das Feuer beantwortet. Ich begann: »Wirst du mir die Wut abnehmen, die ich im Moment verspüre?«

Das Feuer antwortete: »Es reicht mir, daß ich ständig deine Gefühle auf mich nehmen soll. Ich will nicht mehr. Es gibt zu viele Menschen, die alle ihre Energien in mir abladen. Es gab mal eine Zeit, in der ich freiwillig all diese Kräfte auf mich nahm und mithalf, sie zu verwandeln, aber das ist vorbei. Früher baten mich die Menschen höflich um Hilfe und behandelten mich respektvoll. Mein Leben war ihnen heilig.«

»Jetzt leben Milliarden Menschen auf mir und ich werde nicht mehr als heilige Lebensform betrachtet. Meine Aufmerksamkeit richtet sich auf die vielen Millionen hungernder Kinder und all die Leidenden. Ich will deinen Abfall nicht beseitigen. Mach es selber.«

Ich war entsetzt: Wie ich gelernt hatte, gab es die Möglichkeit, ein Loch in die Erde zu graben und all seine Sorgen und Probleme hineinzuschreien; die Erde nahm dann die Energie auf. Ich fühlte mich verlassen. Meine Gefühle kann ich niemand anderem schicken, da sie denjenigen möglicherweise belasten, und auf mich selbst kann ich sie auch nicht nehmen, weil sie dann mich belasten. Und jetzt kann ich sie nicht einmal mehr der Erde geben, denn sie will sie auch nicht.

»Was soll ich denn jetzt machen?« fragte ich verzweifelt. Ich fühlte mich, als ob sich mein Ärger in Atommüll verwandelt hätte, den jeder weiterschob.

»Sandra, denk nach«, befahl Isis.

Ich sandte einen Hilferuf ins Universum.

»Dies sind meine Gefühle. Ich habe ein Recht, das, was mich bewegt, auszudrücken. Bitte nehmt meine Wut und wandelt sie in heilende Kraft um, die an anderer Stelle dieses Planeten Nutzen bringt!«

»Dies ist eine Möglichkeit, mit der Energie zu verfahren«, war Isis Kommentar. »Ihr muß die Spannung genommen werden. Die Geister haben deine Bitte erhört und deinen Wunsch erfüllt.«

Ich kehrte durch meinen Tunnel vom Erdmittelpunkt zurück, beendete das Trommeln, öffnete die Augen und fand in die Wirklichkeit. Meine Reise hatte mir nicht gefallen, aber Isis' plötzliches Auftauchen sollte mir zeigen, daß ich eine wichtige Botschaft erhalten hatte.

Dennoch ahnte ich nichts von dem, was noch kommen sollte. Isis hatte noch einiges mit mir vor. Sie pflanzte nicht einfach eine neue Idee in meine Seele und wartete darauf, daß sie sich entwickeln würde, sondern verlangte Ergebnisse. Sie wollte mich zwingen, mein Verhalten zu ändern, und blieb in meiner Nähe, um sicherzugehen, daß ich genau dies tat.

Immer, wenn ich in den kommenden Monaten negative Gedanken hatte, tauchte Isis zu meiner Rechten auf und flüsterte mir ins Ohr: »Was hast du gerade gedacht und wem galt dein Gedanke?«

Mir war nicht bewußt gewesen, daß so viele meiner Gedanken Ärger, Frustration, Enttäuschung oder Sorgen beinhalteten. Mit viel Disziplin war ich schließlich so weit, negative Gedanken aufzuhalten, indem ich dachte: »Ich muß jetzt meine Gefühle loswerden, aber ich möchte nicht, daß sie jemand anderem schaden. Ich bitte das Universum, die Kraft, die hinter diesen Worten steckt, aufzunehmen und in heilende Energie umzuwandeln, die an anderer Stelle auf dieser Welt Gutes bewirken kann.«

Eine großartige Übung, denn obwohl mir bewußt war, daß negative Gedanken normal sind, erkannte ich doch, daß ich für ihre Änderung verantwortlich war. Bisher hatte ich immer angenommen, all diese Gedanken würden irgendwie von selbst verschwinden.

Dieser Vorfall lehrte mich, Denkprozesse neu zu betrachten. Wenn ich versuche, eine Veränderung in meiner Arbeit zu verstehen, diskutierte ich sie häufig mit einer Gruppe Gleichgesinnter. Indem ich meine Gedanken laut formuliere, erlange ich Klarheit.

Also beschloß ich, diesen Denkansatz der Wandlung negativer Energie in einem meiner Workshops anzusprechen. Wie ich erwartet hatte, gab es eine Vielzahl von Reaktionen von den verschiedenen Personen, die ich damit konfrontierte. In einem Workshop fand ein Teilnehmer das, was ich von Isis erfahren hatte, sehr interessant und meinte, er könnte vielleicht unter dem Begriff »Seelische Verschmutzung« zusammengefaßt werden. »Ist möglicherweise das Müllproblem, das uns heute auf unserem Planeten beschäftigt, ein Ausdruck unserer eigenen seelischen Verfassung?«

Eine weitere Teilnehmerin dachte jedoch anders darüber und äußerte sich skeptisch. Sie drückte ihre Sorge um die vielen Inzestopfer aus, die gerade erst Erfahrungen im Ausdrücken ihrer Gefühle sammeln mußten. Nun hatte ich verkündet, daß negative Gedanken anderen schaden. Sie war der Meinung, die von mir vorgeschlagene Verhaltensweise sei ein Ansatz für Fortgeschrittenere und müsse mit Vorsicht unterrichtet werden.

Da hatte sie recht. Mit großer Sicherheit weiß ich, daß Isis mich für das, was ich empfand, nicht verurteilte. Gefühle, gute wie auch schlechte, sind Teil der menschlichen Erfahrungen. Sie machen uns zu dem, was wir sind, und sie zu unterdrücken hieße, unsere menschlichen Regungen zu verleugnen. Damit würden wir unsere Lebenskraft unterdrücken und das Recht aufgeben, Gedanken auszudrücken.

Für mich persönlich war der Lerneffekt, daß ich verstand, wie die Energie, die hinter den Gedanken stand, positiv umzuwandeln und nicht einfach in den Raum zu entsorgen war. Es war faszinierend. Außerdem war Isis ständig an meiner Seite, fragte nach meinen Gedanken und verlangte von mir, sie positiv umzusetzen. Ich beschloß, daß ich mich auch in Zukunft zusammen mit anderen Leuten diesem Thema widmen wollte.

In einer anderen Gruppe beabsichtigte ich, noch einen Schritt weiter zu gehen. Ich hatte zu den anderen Teilnehmern während der Woche, die wir miteinander verbrachten und arbeiteten, eine sehr gute Beziehung aufgebaut. Unter anderem ging es in diesem Seminar um Rituale: was sie bedeuten, wie wir sie richtig anwenden können und das Neu-Erfinden traditioneller Rituale, um Veränderungen herbeizuführen.

Eine Übung, die ich bereits seit Jahren unterrichte, zeigt den Teilnemern, wie sie, um Ratschläge für gegenwärtige Probleme zu erlangen, zu ihren Nachkommen in die Zukunft reisen können. Da eine schamanische Reise nicht den Gesetzen von Zeit und Raum unterliegt, können wir uns sowohl in die Vergangenheit als auch in die Zukunft begeben. Wenn unsere Gedanken wirklich die Umwelt psychisch verschmutzen, wird dies für unsere Nachkommen zu einem Problem werden. Im Laufe der Zeit und mit wachsendem Bewußtsein würden sie dann Lösungen finden. Auf alle Fälle war ich mir sicher, daß unsere Kindeskinder sich ihre eigenen Gedanken machen würden, auch auf die Gefahr hin, daß sie uns einfach auslachten.

Ich schrieb mir die Namen all der Teilnehmer auf, die bereit waren, in die Zukunft zu reisen, um für dieses Thema der seelischen Umweltverschmutzung eine Lösung zu suchen. (Da eine solche Unternehmung gefühlsmäßig sehr belastend sein kann, stellte ich jedem die Teilnahme frei.) Auf das Trommeln begann, forderte ich die Reisenden auf, besonders diejenigen unserer Nachkommen zu rufen, die einen Vorschlag zur Beseitigung der psychischen Müllhalden hätten. Ich wies nochmals alle darauf hin, daß auch beunruhigende oder niederschmetternde Antworten ein Zeichen der Hoffnung seien. Warum sollten uns die Geister warnen, wenn es keine Möglichkeit zur Besserung gäbe? Das ließe keinen Raum für Heilung und wir müssen uns immer vergegenwärtigen, daß Universum und Geister uns helfen wollen.

Wie üblich waren die spirituellen Anregungen, welche die Gruppenmitglieder von ihren Reisen mitbrachten, breit gefächert. Niemand hatte jedoch eine schlechte Nachricht erhalten und insgesamt klangen alle Informationen sehr freundlich. Trotz aller Unterschiede schien es, als ob die Menschen der Zukunft gelernt und Wege gefunden hätten, Energie umzuwandeln und das, was ihre Vorfahren an Müll hinterlassen haben, zu entsorgen. Sie waren uns nicht gram dafür; es war schlichtweg eine Frage der Entwicklung. Hier einige Beispiele dessen, was Teilnehmer auf ihrer Reise erfuhren.

Jamie schrieb:

Obwohl ich in die Zukunft reiste, kam mir der Ort, an dem ich mich befand – ein Strand am Lake Superior vor Grand Marais, Michigan – bekannt vor. Es sah noch genauso aus wie jetzt und auch die Menschen hatten sich nicht verändert, doch Männer wie Frauen trugen ihre Haare, sehr, sehr kurz geschnitten. Ein ungefähr vierzigjähriger Mann mit sanfter Stimme sprach für diejenigen, die sich am Strand aufhielten. Ich sagte ihm, daß ich auf der Suche nach einer Möglichkeit zur Umwandlung negativer Energien sei. Er lächelte und zeigte nach Westen. Der Himmel dort leuchtete in allen Farben, und die Wolken sahen aus, als ob sie brannten – ein atemberaubender Sonnenuntergang, wie er für den Lake Superior typisch ist. Der Mann sagte mir, ich solle mir nun vorstellen, wie die Sonne im See untertaucht und die Wasseroberfläche in der Vereinigung dieser zwei Urelemente geschmolzenem Gold gleich glänzt. Instinktiv würde ich dann fühlen, daß auch mit demjenigen, über den ich schlecht gedacht hatte, eine Verständigung möglich sei, und meine negative Ausstrahlung würde sich dann in flüssiges Gold verwandeln. Dieser Vorgang dauere nur einen Augenblick und der Auslöser für mich solle ein Lidschlag sein. Das Schließen meiner Augen würde mir den Sonnenuntergang zeigen und die Umwandlung in Gang setzen; das Öffnen dann alles beenden. Ich bräuchte nur den Moment, in dem die Sonne ins Wasser tauchte.

Für den Fall, daß die negative Energie tief in meinem Herzen ihren Ursprung nahm und gegen einen geliebten Menschen gerichtet war, schlug er mir vor, meine Finger kribbeln zu lassen. Ich wollte wissen, was das zu bedeuten hatte, und wie ich es machen sollte. Er wies mich an, tief einzuatmen und dabei zu fühlen, wie mein Herz sich erweiterte, genug, um sowohl mir als auch dem anderen für diesen schlechten Gedanken zu verzeihen. Auf diese Weise würde sich die Energie, noch bevor sie meinen Körper verlassen hätte, in Liebe umwandeln, und bereits beim Ausatmen würde ich sie in meinen Fingerspitzen fühlen.

Sie erzählten mir, daß diese Übungen von allen Anwesenden häufig gemacht würden, und sie sich regelmäßig zu diesem Zweck in Gruppen trafen, um dort Probleme wie Rassismus, Kriege, Grenzen, und Haß zu bearbeiten. »Nicht alle, aber doch viele machen mit; es ist wie beim Engagement in der Gemeinde«, sagte er mir.

Brookes Erlebnis sah ähnlich aus.

Ich reiste in die Mittlere Welt, in der eine Gruppe von Frauen trommelte. Ich begab mich in die Trommel und dann auf die Spitze eines Berges. Hier war ich von Frauen in weißen Gewändern umgeben, die abermals eine Trommel schlugen; diesmal in der Zukunft. Es erschien mir sehr unwirklich, und die Anwesenden hatten keine Haare. Ich bat um ein Ritual, welches ich durchführen könne, um die Energie meiner negativen Gedanken in heilende Kraft umzuwandeln. Mir wurde gesagt, ich solle »blinzeln und dabei Sternenstaub sagen«. Ich kam mir vor wie bei Peter Pan, wo wir in die Hände klatschen und dabei »Ich glaube« sagen sollten. Ihre Erklärung dafür war, daß es auch gar nicht soweit davon entfernt war, da ich meine Einstellung durch Glauben ändern und die negativen Kräfte in die Materie zurückverwandeln wollte, aus der wir alle entstanden sind – Sternenstaub. Durch meine Bereitschaft, Initiative zu ergreifen und die Energie in diesem Augenblick der Absicht, der Fixierung und des Glaubens umzuwandeln, ändere ich die Welt durch meinen Willen.

Für Teddy war es eine schwierige Aufgabe.

Ich ging in die Obere Welt. Der Wind brachte mich zu einer jungen Frau mit langen Haaren und einem wunderbaren, lichtglänzenden Kleid.

Sie dachte lange nach und schlug mir dann vor, einen Kristall in meiner Tasche zu berühren oder die negative Energie in Gedanken dorthin zu schicken. Der Kristall sollte dann einmal wöchentlich in der Sonne gereinigt werden. Die Kraft der Sonne würde jegliche negative Kraft zerstreuen. Ich dankte ihr und bemerkte, daß es sich sehr schwierig anhörte. Sie erwiderte, dies sei eine der konstruktiveren Möglichkeiten im Umgang mit negativer Energie. Ich gab ihr eine Blume und einen Kuß und dankte ihr nochmals.

Nancy fuhr fort:

Ich reiste zu meinen Nachkommen, um eine Möglichkeit zur Umwandlung negativer Energie zu finden. Meine Nachkommen waren Bauern. Der Mann und die Frau waren außerordentlich erfreut, mich zu sehen und zeigten mir den Hof mit all den Pflanzen, die dort wuchsen.

Der Mann erklärte mir, daß er seine negativen Gedanken, alles was er nicht leiden konnte oder sogar haßte, wie z.B. seine Arbeit, einen anderen Menschen oder eine Situation, mit Liebe umgab und mit den Farben Rot, Rosa oder der Farbe wie im Inneren seines Körpers. Dann grub er ein Loch in den Boden und versenkte seine Energie zusammen mit der Liebe darin.

Die Frau verglich diesen Prozeß mit Kompostierung. Wenn sie sich mit Negativem konfrontiert sah, tat sie etwas ähnliches als wenn sie Mais pflanzte. Sie meditierte und gab die schlechten Gedanken in den Abfall. Dann segnete sie den Kompost mit ihrer Liebe und Dankbarkeit und vergrub ihn im Garten, um ihre Mais- oder sonstigen Pflanzen herum.

Fast genau ein Jahr später machte Nancy nochmals eine Reise, um sich mit ihrem Lehrer in der nichtalltäglichen Wirklichkeit über dieses Thema zu unterhalten. Darüber schrieb sie:

Mein Lehrer ist der Auffassung, daß es außerordentlich wichtig ist, die Gefühle, die mit kreativer Energie verbunden sind, zu kennen, denn mit ihnen beginnt der Lebensfluß. Alles, was ich beginnen oder ändern möchte, soll aus einer Position der Harmonie, der Ausgeglichenheit und der Selbstliebe geschehen. Er gab mir die Möglichkeit zur Selbstliebe, indem ich mir selbst Liebe sende – an meinen Körper, meine Seele, meine Intelligenz und meinen Geist. Jeden Morgen soll ich allen diesen Teilen meine Liebe und Anerkennung aussprechen und aus dieser Einstellung heraus alle Veränderungen oder Projekte angehen.

Mein Lehrer erklärte, daß dieser Ausgangspunkt die größte Stärke verleiht, denn die Energie, die ich habe, und diejenige, die ich aussende, sind identisch. Wenn ich mich schlecht fühle, sende ich negative Energie und kann auch nur ebensolche Ergebnisse erwarten. Habe ich hingegen Selbstvertrauen und fühle mich gut, strahle ich das aus und werde entsprechend positive Antworten bekommen.

Bis heute hat sich das als erfolgreich erwiesen.

In meinem Workshop waren sich alle einig, daß menschliches Verhalten früherer Zeiten nicht als richtig oder falsch bewertet werden kann. Über die Vergangenheit darf nicht geurteilt werden, sondern man muß die damaligen Umstände in Betracht ziehen. Diese Wertfreiheit ermöglicht uns Veränderungen.

Ich hatte eine Antwort erwartet, die bisher noch nicht gekommen war. Ich hoffte, daß irgend jemand ein weiteres Teil zu diesem Puzzle beitragen würde. So, wie es viele unterschiedliche Betrachtungsmöglichkeiten ein und derselben Situation gab, bestand auch dieses Bild aus vielen Teilen.

Endlich meldete sich Jan, eine Teilnehmerin, die sich während des Gesprächs über psychische Energien zurückgehalten hatte. »Meine Reise war ganz anders. Mein Nachfahre hat mir gesagt, daß Energie nur Energie ist, weder negativ noch positiv. Energie war und ist immer neutral und kann als solche genutzt werden.«

Das war genau die Antwort, die ich hören wollte. Die geistige Einstellung zu Energie ist wertfrei. Sie ist weder gut, noch schlecht, sondern existiert einfach. Dieser Denkansatz könnte einen weiteren Workshop füllen. Trotzdem sind beide Konzepte nicht so gegensätzlich, wie sie scheinen. Aus einer sehr esoterischen Sicht ist Energie neutral. Wenn man weiß, was man tut, kann man all die Energie, von der man umgeben ist, für sich nutzen.

Aber die Frage, die an mich gestellt worden war, lautete anders. Wie war mein Verhalten im Umgang mit der Energie? Ich sollte über diese Frage nicht aus einem Schuldgefühl heraus nachdenken, denn das gehört in keine spirituelle Arbeit. Schuldgefühle sollten generell kaum Raum in unserem Leben einnehmen, weil sie dafür sorgen, daß Krankheiten entstehen. Isis wollte, daß ich Verantwortung übernehme, wie ich meine Energie einsetze. Sie verlangte von mir, daß ich die Auswirkung auf mich, auf andere und auf unsere Erde bewußter wahrnahm. Obwohl ich den Denkansatz der neutralen Energie nachvollziehen konnte, wurde mir auch klar, daß Isis mir ein großes Geschenk gemacht hatte, indem sie meine Aufmerksamkeit auf dieses Thema lenkte.

Ich glaube, daß Urvölker den Einfluß von Energie auf Dritte kennen. Schon lange, bevor mit Hilfe moderner Wissenschaft Bomben gebaut werden konnten, bekriegten sich die Völker psychologisch, indem sie ihren Feinden böse Geister schickten oder die Seelen stahlen, um ihnen Kraft und Mut zu rauben.

Heutzutage entsetzt uns dieser Gedanke womöglich. Aber machen wir nicht – möglicherweise unbewußt – dasselbe? Wenn dieses Verhalten im Unterbewußtsein praktiziert wird, anstatt offen und nach festgelegten »Regeln«, ist es dann nicht noch viel gefährlicher? Sollten wir nicht langsam Verantwortung dafür übernehmen, wie unsere Gedanken und unsere Kraft uns, unsere Mitmenschen und die Erde beeinflussen?

Ich reagierte schon immer stark auf Energie. Mir ist inzwischen klar geworden, daß dies sogar meine »Muttersprache« ist, und nicht die gesprochene Sprache. Es machte mir Schwierigkeiten, Englisch zu lernen, und ich begann erst sehr spät zu sprechen. Ich nahm immer an, daß sowieso jeder verstand, was ich ausdrücken wollte und war völlig überrascht, als ich in meinen Beratungen und Workshops bemerkte, daß ich lernen mußte, mich klar verständlich zu machen. Jetzt verlangte Isis von mir, daß ich zu dieser ursprünglichen Form der nonverbalen Kommunikation zurückkehrte, sie untersuchte, verstand und besser beherrschen lernte.

Nun sollte ich anderen Menschen beibringen, wie sie die Energie, die hinter ihren Worten steckte, besser erkennen konnten, gerade so, wie verbale Kommunikation in Therapiekursen und für Geschäftsleute angeboten wird. Den meisten von uns ist klar, daß wir uns ein ganzes Leben lang auch ohne Worte äußern.

Um dies anderen beizubringen, mußte ich zuerst bei mir selbst beginnen. Jeden Tag, jede Minute registrierte ich, was ich an stummen Signalen aussandte. Es bedurfte Disziplin, alle meine Gedanken in heilende Energie umzuwandeln. Ich begriff, wie wichtig es war, ehrlich gegenüber meinen Gefühlen zu sein und sie zu meinem Wohl auszudrücken. Mir wurde klar, wie dies zu unser aller Vorteil sein könnte. Während dieser ganzen Zeit begleiteten mich Isis und das Universum, und gaben mir ihren Rat, ihre Unterstützung und Liebe.

Die Monate vergingen. Ich merkte deutlich, wie sich die Energie in mir verlagerte. Von Vorteil war, daß ich mich über die Disziplin freute, mit der ich meine Gedanken betrachtete; es wurde immer natürlicher und ich mußte dem nicht mehr soviel Aufmerksamkeit widmen. Andererseits reagierte ich nun besonders empfindlich auf die Energie, die mich umgab. Menschenansammlungen und die Stadt verursachten mir Unwohlsein. Manchmal kam es mir da draußen wirklich vor wie ein »Dschungel«. Überall schwirrten Gedankenfetzen, und man stelle sich mal die Energien vor, die aus dem ganzen Frust, Ärger und der Verzweiflung von so vielen Menschen einer übervölkerten Stadt freigesetzt werden; dies zu sehen und am eigenen Leib zu spüren.

Das stellt ein ernsthaftes Problem für mich dar. Aber in den vielen Jahren der Arbeit mit meinen helfenden Geistern habe ich gelernt, über mich und die menschlichen Erfahrungen zu lachen. So lange wir Humor haben, und wenn er noch so schwarz ist, sind wir ausgeglichen und in unserer Mitte. Mein Krafttier gibt mir gerne witzige Bilder, um mich zum Lachen zu bringen. Es brachte mir auch bei, wie ich Gelächter als Schutz einsetzen kann. Wenn ich über die Energie lachen kann, verändert sie sich. Und obwohl meine neuen Studien durchaus ernstzunehmen waren, lernte ich auch, die schädlichen Nebeneffekte durch Humor zu zerstreuen.

Daneben nutze ich noch weitere Möglichkeiten, um mich selbst zu schützen. Am wichtigsten ist, nicht irrationalen Ängsten zum Opfer zu fallen und sich von ihnen beherrschen zu lassen. Angst erzeugt eine Schwachstelle, durch die schädliche Energien ungehindert Zugang zum Körper finden. Aus früheren Erfahrungen wußte ich, daß mir negative Kräfte nur dann zum Verhängnis werden konnten, wenn ich es zuließ. Ich kenne meine Grenzen und weiß, wie ich die Kontrolle über Ein- und Ausgehendes behalte: Wenn mich Schlechtes befällt, habe ich vorher bewußt daran mitgewirkt.

Zuerst mußte ich lernen, die Energie, die mich umgibt, wahrzunehmen. In welcher lautlosen Sprache unterhielten sich die Menschen mit mir, wenn ich mich unter ihnen befand? Indem ich meine Umgebung wahrnahm, konnte ich selbst bestimmen, was ich in mir aufnehmen wollte und welchen Einflüssen gegenüber ich mich lieber verschloß. Wenn ich mich zurückziehen wollte (was nicht oft vorkam), nutzte ich eine Methode, die mir eine Medizinfrau der Chumash vor Jahren beigebracht hatte. Ich zog mich in ein durchscheinendes, blaues Ei zurück, von dem aus ich mit anderen kommunizieren konnte, das aber alle äußeren Einflüsse abhielt. Außerdem hielt sich mein Krafttier in telepathischer Rufnähe auf und half mir jederzeit, wenn ich Schutz benötigte.

Im Laufe der Jahre brauchte ich das blaue Ei immer weniger. Ich erkannte, daß ich keineswegs schwach bin. Energie, die auf mich zukommt, kann ich abweisen oder mich entscheiden sie aufzunehmen. Mit Hilfe des Universums gelingt es mir in jedem Fall, Energie umzuwandeln und für mich zu nutzen.

Bald sollte ich die Erfahrung haben, die ich benötige, um auch anderen dies Wissen weiterzugeben und ihnen beizubringen, in ihrem eigenen Leben Grenzen zu setzen. Besonders Menschen in helfenden Berufen, die den Einfluß der Energie verstehen möchten, dem sie während ihrer Arbeit ausgesetzt sind, könnte dieses Wissen helfen.

Es gehört zum menschlichen Wesen, ein breites Spektrum an Gefühlen und Gedanken zu haben.

Gedanken sind Energieformen, die sowohl uns selbst, Mitmenschen und alle Arten von Leben beeinflussen.

Aus esoterischer Sichtweise ist Energie neutral und kann in jeder beliebigen Form genutzt werden.

Wir können uns vor negativer Energie schützen, indem wir immer zentriert bleiben und uns nicht der Angst hingeben. Wir können uns auch mit einer durchscheinenden blauen Hülle umgeben oder unsere helfenden Geister um Schutz anrufen.

Es steht uns frei, die uns umgebende Energie anzunehmen oder abzulehnen.

Wir haben die Möglichkeit zu lernen, wie die Energie unserer Gedanken umgewandelt wird. Können ähnliche Verfahren angewandt werden, um Umweltverschmutzung und Vergiftung unseres Lebensraumes abzubauen?

ÜBUNGEN

1. Achte auf die eigenen Gedanken. Beurteile sie nicht. Niemand kann einem die Gefühle oder Gedanken absprechen.
2. Wer will, kann darum bitten, daß alle fragwürdigen Aussagen in heilende Energie umgewandelt werden, die irgendwo auf dieser Erde Verwendung findet.

3. Wir können versuchen, die Energie, die uns in der Öffentlichkeit umgibt, wahrzunehmen. Auch hier gilt, nicht zu urteilen.
4. Wer Hilfe benötigt, um sich gegen die Energie von außen abzugrenzen, kann ausprobieren, sich in das Innere eines durchscheinenden blauen Eies zu begeben, oder einfach die eigenen Geister um Hilfe bitten.

KAPITEL 4

GRENZEN SETZEN

Bruce, ein Psychologe, suchte meine Praxis wegen Magenbeschwerden und einem bedrohlichen Leistungsabfall auf. Nachdem wir uns eine Weile unterhalten hatten, sagte ich ihm, daß ich zu meinem Krafttier reisen müsse, um die seelische Ursache seiner Beschwerden erkennen zu können. Ich würde mich an meinen Kraftplatz in der Unteren Welt begeben und mein Krafttier kurz zu der Erkrankung und der richtigen schamanischen Therapie befragen.

Mein Kraftplatz ist sehr üppig. Große Pinien umsäumen eine Lagune mit Wasserfall. Der Boden ist mit Piniennadeln bedeckt. Ich fühle mich vom Universum geliebt und genährt, wenn ich an diesen Ort komme und mich auf dem weichen Boden sitzend mit meinem Krafttier unterhalte. Der Geruch der Pinien macht mir meine Bindung zur Natur bewußt und läßt mich erkennen, wie die Schönheit meine Sinne befriedigt. Der Geruch, das Gefühl, die Farben sind einfach ein Genuß.

Mein Krafttier wartete auf mich, wir setzten uns und begannen mit unserem Gespräch. Telepathisch erklärte er mir Bruces Problem. Er besitzt ein außergewöhnliches Einfühlungsvermögen, aus diesem Grund ist er auch ein so hervorragender Psychologe. Bruce fühlt die Empfindungen seiner Klienten. Allerdings kann er keine Grenzen zwischen sich und ihnen ziehen. Er weiß nicht, wie er die Gefühle, die er während seiner Arbeit aufnimmt, wieder los wird, und er kann seine Energie nicht bei sich behalten. Trauer, Ärger und Enttäuschung, die Bruce von seinen Klienten annahm, bildeten in seinem Magen einen seelischen Knoten, der diesen verschloß und ihm Probleme bei der Verdauung bereitete, wie mir mein Krafttier erklärte. Weiterhin sagte er, daß Bruce unbewußt seine Seele und seine Lebenskraft seinen Klienten überlassen hatte und deshalb unter Leistungsmangel litt, der durch die Blockade in seinem Magen noch verstärkt wurde.

Mein Krafttier wies mich an, zu Bruce zurückzukehren, um ihm die Nachricht mitzuteilen und eine schamanische Heilung durchzuführen, die den Knoten in seinem Magen lösen und das Hindernis beseitigen würde. Außerdem sollte ich eine Seelenrückführung vornehmen, um die Teile der Seele, die Bruce seinen Klienten überlassen hatte, zurückzubringen und ihm so seine Lebenskraft und Energie wiederzugeben. Desweiteren riet mir mein Krafttier, Bruce beizubringen, was sich energetisch zwischen ihm und seinen Klienten abspielt, wie er sich selber schützen und besser auf sich achten könne.

Mit dem Schlagen der Trommel kehrte ich aus der Unteren Welt zurück. Ich legte die Trommel weg und öffnete die Augen. Bruce wartete gespannt auf die Nachrichten, die ich mitbrachte, und ich wiederholte ihm alles, was ich von meinem Krafttier erfahren hatte.

Er verstand genau, wovon ich sprach. »Ich weiß, ich nehme die Probleme der Klienten auf mich und gebe dafür Teile von mir ab. Dabei war mir aber nicht klar, welchen Schaden das in meinem Körper verursacht. Was passiert nun?«

Ich erklärte Bruce, daß ich ein schamanisches Ritual durchführen wolle, in dem ich die blockierende Energie aus seinem Magen entfernen und seine Seelenanteile zurückholen würde, um ihm seine Lebenskraft wiederzugeben. Der nächste Schritt sei dann, ihm zu zeigen, wie sich sein Verhalten gegenüber den Klienten ändern müßte. Dabei war es wichtig, nicht wieder in die alten Verhaltensmuster zurückzufallen. Zuerst half ich Bruce dabei, die Sorgen der Klienten nicht zu seinen eigenen zu machen. Ich erzählte ihm von mir und meinen persönlichen Erfahrungen mit diesem Thema, da ich ebenfalls sehr stark mit empfinde, was meine Klienten erleben. Ich nutze den Schmerz, den ich spüre, als Informationsquelle, um die Erfahrungen meiner Klienten nachzuvollziehen. Aber sobald ich genügend Material habe, mache ich mir klar: »Mit diesem Schmerz habe ich nichts zu tun, und er braucht mir nicht länger weh zu tun.«

Wenn wir uns auf die Sorgen anderer einlassen, verlieren wir leicht den Überblick, wessen Energien wir jetzt eigentlich fühlen. Ich empfehle, einfach innezuhalten und sich zu fragen: »Betrifft mich das? Gehört es zu meinen Erfahrungen oder hat sie ein anderer Mensch durchlebt?« Wichtig ist dabei, auf den ersten Gedanken zu achten, der einem in den Sinn kommt und sich danach zu richten. Sobald wir uns sicher sind, daß nicht wir davon betroffen sind, ist es wichtig loszulassen. Bin ich betroffen, kann ich mit meiner eigenen Arbeit beginnen.

Die Idee, sich mehrmals am Tag daraufhin zu überprüfen, sagte Bruce zu. Aber er brauchte noch etwas anderes, was diesen Prozeß erleichterte.

Ich benutze oft ein Ritual, um von Schmerzen Abschied zu nehmen, und besprach dies mit ihm. Ich erklärte ihm, warum es meiner Meinung nach gewinnbringend sei, wenn er den Schmerz, den er fühlte, in heilende Energie umwandeln könnte. Er sollte einige Minuten lang die Augen schließen und tief atmen, um sich zu zentrieren. Dann fragte ich, ob ihm ein Ritual um loszulassen einfiel, mit dem er gerne arbeiten wollte. Mit geschlossenen Augen beschrieb er ein Bild von sich mit einem Glas Wasser in der Hand, in das die fremde Energie fließt. Dabei bittet er das Wasser, diese Energie in heilende Kräfte umzuwandeln. Danach stellt er es draußen ab, um die Heilenergie mit Hilfe der Sonne in die Welt zu entlassen. Zum Schluß gießt er die Flüssigkeit dann weg. Hier öffnete Bruce die Augen und strahlte mich an. Ihm gefiel sein neues Ritual.

Die treibende Kraft eines Rituals ist die Absicht, die hinter ihm steckt, und so lange Bruce weiß, was er erreichen will, wird er Nutzen daraus ziehen. Er wollte das Ritual regelmäßig durchführen, aber ich war mir sicher, daß er es mit der Zeit und zunehmender Übung nicht mehr brauchen würde, um sich von den Sorgen anderer zu befreien. Irgendwann würde er die Energie ganz selbstverständlich umwandeln, aber das Ritual war ein wundervoller Anfang.

Wir kamen zum nächsten Punkt: wie war zu verhindern, daß er seinen Klienten Stückchen seiner Seele überließ oder jemand sie stahl? Beides ist aus helfenden Berufen bekannt; es passiert leicht, daß wir uns einen Seelenteil stehlen lassen oder weggeben, weil wir einer anderen Person helfen wollen.

Bereits in meinem letzten Buch *Auf der Suche nach der verlorenen Seele* habe ich festgestellt, daß es niemandem nützt, wenn wir unser Innerstes verschenken. Unsere Kraft, Vitalität, Lebenslust und Energie sind für andere nutzlos. Wenn wir einen Teil unserer Seele weggeben, beladen wir dabei häufig andere mit toter Energie. Diese Erkenntnis ist für unser Leben nach der Heilung sehr wichtig. Wir müssen unsere Energie für uns behalten und den anderen lassen, was uns nicht gehört. Auf der Energieebene sollten wir Selbstversorger sein.

»Als erstes mußt du erkennen, was mit dir auf der Energieebene passiert«, erklärte ich Bruce. »Beobachte dich und finde heraus, ab wann du in Sitzungen ungewöhnlich müde wirst. Beobachte dann, ob du gerade einen Teil deiner Seele weggibst, oder ob ihn dir jemand stehlen will. Urteile nicht, sondern beobachte nur. Durch welchen Körperteil verläßt dich deine Seele?«

Bruce brauchte Hilfe bei dieser Frage. Erneut schlug ich ihm vor, die Augen zu schließen und eine Weile nur zu atmen. Er sollte versuchen, sich an das letzte Mal zu erinnern, als ihn seine Arbeit ausgelaugt hatte. Eine kürzliche Behandlung fiel ihm ein. Während er sich die Situation vergegenwärtigte, bat ich ihn, sich und seinen Patienten genau zu betrachten, um die energetischen Kommunikationsmuster zwischen ihnen festzustellen. Er fühlte, wie eine unsichtbare Kraft seinen Körper durch den Solarplexus verließ. Gab er sie von sich aus oder zog sein Klient sie zu sich heran? Bruce sagte, daß er den Unterschied begriff und hier seine Energie freiwillig gab, um zu helfen. Allerdings konnte er nicht erkennen, daß die Energie irgendwie hilfreich war. Sie schien einfach nur an seinem Klienten zu haften. Ich forderte ihn auf, sie zurückzuholen und er meinte, dies wäre ohne weiteres möglich.

Bruce wollte sich noch eine weitere Sitzung ansehen. Ich bat ihn, sich dabei Zeit zu nehmen und soviel wie möglich zu sprechen, damit ich nachvollziehen konnte, was er sah. Er vermutete, daß einer seiner Klienten ihm Energie wegnahm.

Ich leitete ihn an, indem ich sagte: »Betrachte dich zusammen mit diesem Menschen. Wie ist die Energie im Raum? Spüre, wann sie sich verschiebt. Achte darauf, wann deine Energie deinen Körper verläßt?« Er spürte ein Ziehen in seinem Solarplexus und bemerkte, wie der Klient die Energie zu sich zog. In diesem Moment forderte ich ihn auf, sich vorzustellen, im Inneren eines durchscheinenden blauen Eies zu sein und dabei leise zu wiederholen: »Ich weigere mich, dir meine Seele zu geben.« Er folgte meinen Anweisungen, sagte den Satz leise vor sich hin und stellte erfreut fest, welchen großen Unterschied er spüren konnte. Ich bat Bruce, so lange bewußt weiterzuatmen, bis er bereit war, mit seiner Aufmerksamkeit in den Raum hier zurückzukehren. Dann wollten wir seine Erfahrungen besprechen. Die Energie im Raum wurde tatsächlich greifbar für ihn, und ich erklärte, daß es dazu keiner besonderen Gabe bedurfte. Wir alle haben die Fähigkeit dazu, brauchen dazu nur zu lernen wahrzunehmen, was mit unserer Energie passiert; klar die Absicht auszudrücken, daß wir diese Kraft nicht loslassen wollen und, falls nötig, eine Grenze zwischen uns und anderen zu ziehen. Bruce meinte, dies sei ihm nun auch in Therapiesitzungen möglich. In unserer gemeinsamen Arbeit waren wir ein großes Stück weitergekommen, aber ich wollte noch einen Bereich ansprechen. Zuvor bat ich Bruce, auf seine bisherigen Leistungen zurückzublicken, sie zu würdigen und sich dann zu fragen, ob er bereit war, noch weiter zu gehen.

Bruce wollte noch weitermachen, brauchte aber eine kurze Pause. Wir gingen in meinen Garten, den ich zu jener Zeit etwas vernachlässigte. Das Gras stand hoch und das Gemüse bildete bereits Samen. Ich schämte mich für meine Nachlässigkeit, aber auf der anderen Seite hatte diese Wildnis ihren eigenen Reiz. Wer das Bedürfnis hat, alles zu kontrollieren und zu beherrschen, kann aus der Schönheit dieses ungehemmten Wachstums viel lernen.

Wir saßen im Garten und ließen uns von den Sonnenstrahlen wärmen. Bruce stellte fest, daß er während seiner Arbeit vergaß, Pausen zu machen und seine Konzentrationsfähigkeit darunter litt. Er wollte seine Zeiteinteilung überprüfen, um sich in Zukunft zwischen den einzelnen Sitzungen etwas ausruhen zu können und so in seiner Mitte zu bleiben.

Hierin konnte ich ihm nur beipflichten. Nach der Heilung ist es wichtig, für sich und die eigenen Bedürfnisse Verantwortung zu

übernehmen. Dies lernte Bruce gerade. Nach einer Weile im Garten beschlossen wir, mit unserer Arbeit fortzufahren.

In meinem Büro erklärte ich ihm dann mein letztes Anliegen für diesen Tag. »Wie nimmst du negative Gedanken in dich auf? Damit du dich nicht wieder krank machst, solltest du lernen, dies zu vermeiden.«

Bruce sollte erneut tief durchatmen, seine Augen schließen und sich zentrieren. Ich bat ihn, sich an eine Sitzung zu erinnern, in der ein Klient seine Wut ausdrückte. Bruce erklärte, das sei einfach, er müsse nur eine passende Erinnerung finden und sich darauf konzentrieren. Ich forderte ihn nun auf, sein und des Klienten Verhalten vor dem Ausbruch des Ärgers genau zu beobachten. Dann bat ich ihn zu beschreiben, was nach dem Gefühlsausbruch passierte. Bruce sagte: »Ich sehe, wie mich eine unsichtbare Kraft in den Magen boxt.«

Bruce sollte sich die Szene erneut vorstellen und sich in dem

Moment kurz vor dem Gefühlsausbruch in sein blaues Ei zurückziehen. Gleichzeitig sollte er um Umwandlung der Energie seines Klienten in heilende Kraft bitten.

Indem er dieser Aufforderung nachkam, erkannte Bruce, wie er den krankmachenden Gefühlen seiner Klienten ausweichen konnte. Indem er zwischen sich und anderen Grenzen zog und zwischen seinen und fremden Gefühlen unterschied, wurde es ihm möglich, physisch und psychisch gesund zu bleiben.

Während der nächsten Monate blieb Bruce mit mir in Verbindung. So wie er Grenzen setzte und nicht gestattete, daß andere ihm während der Sitzungen Kraft nahmen noch er ihre Schmerzen übernahm, kehrte seine Kraft zurück. Seine Magenbeschwerden verschwanden. Darüber hinaus stellte er eine veränderte Qualität in seinen Konsultationen fest: seine Klienten wurden stärker, ohne daß es an seine Substanz ging.

Ich bin fest davon überzeugt, daß es für Menschen in helfenden Berufen wichtig ist, die energetischen Beziehungen zwischen sich und den Klienten zu verstehen. Hierbei spreche ich sowohl Helfer in medizinischen, wie auch in psychologischen und beratenden Berufen an. Es passiert oft, daß sich jemand, der eine Zeitlang in einem Krankenzimmer verbracht hat, hinterher müde und ausgelaugt fühlt. Genauso geht es den Angehörigen unterstützender Berufe. »Burn-out« hat sich zu einem großen Problem entwickelt und es ist wichtig, zu lernen, Krankheiten durch rechtzeitiges Ausgrenzen negativer Gedankenmuster zu verhindern, die in einer solchen Situation im Übermaß vorhanden sind. Wenn die Techniken, die hierzu nötig sind, allen Helfern bekannt wären, ließe sich dem Burnout-Effekt gut vorbeugen.

Aber nicht nur für medizinisches Personal ist es wichtig zu lernen, die eigenen Grenzen zu setzen.

Wer sich in Beziehungen mit anderen Menschen begibt, muß das ebenso lernen.

Nancy kam zu mir und klagte über eine endlose Reihe ungesunder Beziehungen und seelischer Ausbeutung. Sie hatte von meiner Arbeit erfahren und erhoffte sich Hilfe, um aus diesem Teufelskreis auszubrechen. Durch schamanische Reisen konnte ich das zugrunde liegende Problem erkennen und ihre Seelenteile, die sie zur Bereinigung ihres Lebens benötigte, zurückbringen. Nachdem die traumatische Ursache des wiederkehrenden Problems auf diese Weise beseitigt ist, hat die betroffene Person es in der Hand, ihr Leben frei zu gestalten.

Nancy hatte ihre Seele bereits früh verloren. Ihre Mutter hatte sie als Nichtsnutz beschimpft und sie ständig angeschrien. Da Nancy noch klein war, verstand sie nicht, daß sie der Sündenbock für die Frustrationen ihrer Mutter war. Sie merkte nur, daß sie es niemals recht machen konnte, und glaubte fest daran.

Nancy ging mit dieser Einstellung durchs Leben. Hierdurch gestattete sie allen Männern, die sie kennenlernte, über sie zu urteilen. Natürlich genügte sie auch in diesen Beziehungen niemals. Die Männer mißhandelten sie.

Nun wollte Nancy wissen, wie sie, nachdem sie ihre Seele wiederbekommen hatte, ihr Leben ändern könnte. Aus meiner Erfahrung wußte ich, daß die Betroffenen nach Seelenrückführungen oft von sich aus anfangen, Grenzen in ihren Beziehungen zu ziehen, denn sobald man sich wieder »mit sich eins« fühlt, hat man wieder Selbstvertrauen und spürt die eigenen Bedürfnisse.

Aber ich wollte Nancy die Möglichkeit geben, ihre Entwicklung nach der Heilung aktiv zu erleben und intensiv mitzugestalten, weil das ihrem Wunsch entsprach. Ich fragte, ob sie gerne lernen würde, selbst zu den Teilen ihrer Seele zu reisen, die ich ihr zurückgebracht hatte, und auch ihr eigenes Krafttier kennenzulernen, das ihr vielleicht weiterhelfen konnte. Nancy war einverstanden. Ich vereinbarte einen Termin mit ihr und ließ ihr einige Tage Zeit, damit sich ihre Seele wieder eingewöhnen konnte.

Als Nancy wiederkam, erklärte ich ihr, wie die Reise vor sich ging, durch die sie Zugang zu ihren helfenden Geistern bekommen würde. In Zukunft würde sie dann ihre Fragen direkt stellen und so in der Lage sein, für sich vorteilhafte Entscheidungen zu treffen. Als erstes wollte ich ihr den Weg in die Untere Welt zeigen, um ihr Krafttier zu finden. Die Untere Welt ist nur eines der Gebiete der nicht alltäglichen Welt und scheint mir ein guter Ort zu sein, um Menschen in schamanischen Reisen einzuführen.

Ich trommelte für Nancy, um den Pfad für ihre Seele aus und in den Körper zu schaffen, und gab ihr die üblichen Anweisungen. Sie sollte sich eine Öffnung in der Erde suchen, von der aus sie in die Untere Welt gelangen konnte; einen Platz, den sie tatsächlich kannte. Auf diese Weise würde sie immer feststellen können, ob sie sich in der alltäglichen Wirklichkeit oder der nichtalltäglichen Welt befand. Ich betonte, wie wichtig es im Schamanismus war, immer genau zu wissen, in welcher Welt man sich gerade befindet. Indem man durch die Erdöffnung reist, wird bei Beginn und am Ende der Reise deutlich, wo man sich aufhält.

Nancy fragte mich, ob es in der Unteren Welt irgend etwas gäbe, vor dem sie sich in acht nehmen müsse. Ich erklärte ihr, daß sie darüber entschied, wie ihre Reise ablief. Falls ihr irgend etwas Erschreckendes begegnete, könnte sie ihre Angst entweder herausfordern, sich entfernen oder aber jederzeit zurückkommen.

Um ihr den Ablauf zu verdeutlichen, erzählte ich ihr, wie mein guter Freund Stephen zwischen Traum, Tagtraum und einer schamanischen Reise unterscheidet. Er erklärt immer, daß niemand, der klares Träumen nicht gelernt hat, Kontrolle über seine Träume hat. Wer einen Alptraum erlebt, kann nur beten, daß er bald daraus aufwacht, während man bei einem Tagtraum selbst Regie führt: wen man trifft, was gesprochen wird, wie andere reagieren – alles ist erfunden.

Ähnlich ist es bei einer schamanischen Reise: man entscheidet über das eigene Handeln. Ich kann nach rechts oder links gehen, näher zu diesem Tier oder weiter weg zu einem anderen Wesen, das wartet. Niemand kann jedoch beeinflussen, was die Tiere und anderen Wesen tun oder sagen.

Nancy erschien diese Erklärung logisch. Ich bat sie, sich hinzulegen und da wir im Schamanismus im Dunkeln sehen, verband ich ihr die Augen. Dann sagte ich noch, daß *schamanisches Sehen* nicht unbedingt optisch sein müsse und wies sie an, all ihre Sinne zu öffnen, um Informationen zu erlangen. Sobald sie das Trommeln hörte, sollte sie durch die von ihr gewählte Öffnung steigen und den Tunnel in die Untere Welt nehmen, während sie telepathisch ihr Krafttier herbeirief, um sie dort zu empfangen. Einfache Ja/nein-

Fragen würden ihr zeigen, auf welche Weise es sich mit ihr verständigen wollte. Manche Krafttiere nutzen Telepathie, andere Symbole und einige zeigen die Antworten. Sobald Nancy wußte, wie sie sich mit ihrem Krafttier verständigte, konnte sie jede gewünschte Frage stellen.

Wir hatten uns schon darüber unterhalten, welche Hilfe sie brauchte, um ihr Beziehungsmuster zu ändern, also wollte sie darüber sprechen. Da es sich um Nancys erste Reise handelte, wußte ich nicht, wie weit sie kommen würde. Manche Reisenden kommen beim ersten Mal nur bis zum Tunnel, bei anderen könnte man gleich einen abendfüllenden Film über ihre Erlebnisse drehen. Das Ergebnis hängt ganz vom persönlichen Zeitbedarf ab und hat nichts mit Kraft zu tun.

Nancys erste Reise beeindruckte sie sehr, und sie beschrieb sie mir bei ihrer Rückkehr:

Ich stieg durch eine Höhle bei den Carlsbad Caverns und rannte sehr schnell durch den Tunnel. Ich hörte mich selbst, wie ich dauernd wiederholte, daß ich bestimmt wieder alles falsch mache. Wie ich diese Worte haßte! Aber ich habe sie so oft von meiner Mutter und den verschiedenen Männern in meinem Leben gehört, daß ich mir gar nichts anderes mehr zugetraut habe. Der Leistungsdruck setzte mir zu, aber ich folgte deinen Anweisungen und rief nach meinem Krafttier. Plötzlich, am Ende des Tunnels, sah ich ein Licht, dem ich folgte. Eine große, wunderschöne Tigerin mit unglaublich glänzenden Augen wartete auf mich. Als sie mich sah, grüßte sie mich: »Ich hab dich lieb«, worauf ich anfing zu weinen. Ich weiß nicht, ob sie sprach, denn sie bewegte sich nicht. Trotzdem hörte ich es deutlich. Außerdem fühlte ich die Worte in meinem Körper. Noch nie zuvor habe ich solche Liebe gespürt. Ich konnte gar nicht mehr aufhören zu weinen und sie schaute mich nur an und saß neben mir, während ich sie streichelte. Ihr Fell war feucht und weich.

Ich fragte sie, ob sie mich zu den Teilen meiner Seele begleiten würde, die Sandy mir zurückgebracht hatte. Sie nickte und sagte mir telepathisch, daß ich mich auf ihren Rücken setzen sollte. Wir ritten zu einer Wiese auf der Erde, die von Bergen umgeben war und über der sich ein klarer blauer Himmel spannte. Eine Decke war ausge-

breitet und außerdem gab es da einen Picknickkorb. Als wir näherkamen, erkannte ich drei junge Leute, die auf der Decke saßen. Sie waren ich, all die Teile, die Sandy gefunden hatte. Die jüngste, der erste Teil, den sie wiedergefunden hatte, kam uns entgegengelaufen. Die Tigerin leckte ihr das Gesicht und sie kicherte. Ich stieg ab und hob sie hoch. Du hattest recht: obwohl ich wußte, daß alle Teile in mir waren, konnte ich sie in der nichtalltäglichen Welt als einzelne Wesen treffen. Ich versuchte, mich an das zu erinnern, was ich sie fragen sollte und wie ich ein Gespräch beginnen konnte. Der erste Seelenteil, die Fünfjährige, erzählte mir, wie entsetzlich es war, dauernd von Mami angeschrien zu werden. Sie war so klein und die Worte waren so hart und einschüchternd. Sie hatte Angst und fühlte sich verletzbar. Wer sollte sie beschützen? Da wurde mir bewußt, daß ich mich auch immer so verletzbar gefühlt hatte. Alle anderen kamen mir größer und stärker vor. Ich fragte mich, ob dies das Resultat der traumatischen Erlebnisse der Fünfjährigen ist. Die anderen Teile, beide viel älter, verließen mich während verschiedener Beziehungen. Sie schienen nicht so schwach zu sein wie die Jüngste. Alle drei hatten mir etwas zu sagen. Sie wollten, daß ich mir Menschen, mit denen ich Beziehungen einging, in Zukunft sorgfältig auswählte, denn sie kämen nicht zurück, um sich herneut mißhandeln zu lassen. Dafür würden sie mir dabei helfen.

Wir aßen zusammen und spielten mit der Tigerin. Noch nie zuvor habe ich solche Liebe und Stärke gespürt. Die Tigerin versicherte mir, daß ich sie nur rufen müsse und sie sei immer für mich da. Ich solle sie wieder besuchen kommen, da sie mir viel beizubringen hatte. Sie sagte mir außerdem, ich solle in Beziehungen stark sein und meine Kraft nicht einfach weggeben. Ich müsse mich um mich selbst sorgen und meinen Mund aufmachen, wenn mir nicht gefiele, wie ich behandelt würde. Während sie sprach, hörte ich, wie du mich durch einen anderen Trommelrhythmus zurückriefst. Ich erinnerte mich, daß du mir geraten hast, mich bei meinem Krafttier zu bedanken und verabschiedete mich. Außerdem küßte ich alle Teile meiner Seele und als ich dies tat, wurden wir wieder eins. Ich kehrte um und kam durch den Tunnel den gleichen Weg wieder zurück in die Höhle.

Als du mit dem Trommeln aufhörtest, atmete ich tief durch und wußte, daß ich wieder in diesem Zimmer war. Ich wollte aber meine Augen noch nicht öffnen, sondern ein bißchen für mich sein. Als du sagtest, ich solle noch einen Moment ausruhen, war es, als ob du meine Gedanken liest.

Als Nancy bereit war zu sprechen, nahm sie die Augenbinde ab und setzte sich auf. Nachdem sie ihre Reise beschrieben hatte, gratulierte ich ihr zu ihren Erlebnissen. Für eine erste Reise war es eine Menge. Allerdings hatte Nancy auch den Willen, ihr Leben zu verbessern, und war bereits mit diesem festen Vorsatz zu mir gekommen.

In dem Moment, als sie die Teile ihrer Seele, die ich ihr zurückgebracht hatte, von Angesicht zu Angesicht sah, wurde ihr tief in ihrem Inneren klar, wie sie ihre Kraft vergeudet hatte und wie sie sich in ihren bisherigen Beziehungen hatte ausnutzen lassen. Indem sie die Gesichter sah, die zu diesen schrecklichen Beziehungen gehörten, merkte sie, wie sehr sie gegenüber den Mißhandlungen abgestumpft war. Niemals wieder würde sie sich so behandeln lassen oder eine Beziehung mit jemandem eingehen, der nicht bereit war, sie liebevoll und mit Respekt zu behandeln.

Da ich in der Hauptsache schamanische Heilungen durchführe, beziehe ich mich in meinen Erzählungen über die Zeit danach immer auf dieses Ereignis. Im Schamanismus betrachten wir die spirituelle Seite einer Krankheit. Ich weiß, daß Ganzheit auch durch medizinische und/oder psychologische Behandlung erreicht werden kann. Alle diese Wege haben ein gemeinsames Ziel – den Menschen als Einheit wiederzuerschaffen. Jemand wie Nancy, die sich nun kennt und nicht mehr alle, mit denen sie Kontakt hat, durch die Brille ihrer Vergangenheit betrachtet, ist auf dem besten Weg dazu.

Ich bin mir sicher, daß der Schlüssel für ein Leben nach der Heilung die Fähigkeit ist, Grenzen zu setzen, sich selbst zu erkennen und ein gesundes Selbstvertrauen zu entwickeln. Hieraus läßt sich dann eine bessere Zukunft schaffen – für sich selbst und den Planeten.

Gesundes Selbstvertrauen zu entwickeln bedeutet, nicht länger emotional und psychisch mit anderen verwoben zu sein. Das erscheint der Kern einer jeden emotionalen oder spirituellen Heilung zu sein. *Auf der Suche nach der verlorenen Seele* beinhaltet ein Kapitel über Diebstahl der Seele. So, wie unsere Gesellschaft unbewußt schlechte Gedanken entsendet, stiehlt sie auch Seelen. Indem wir wieder eins mit uns werden und uns als unabhängige Einzelwesen verstehen, können wir erkennen, wie verflochten unser Leben mit dem anderer Menschen ist. Dies ist jedoch nur ein Teil des Prozesses. Es gilt außerdem zu erkennen, an wen wir uns psychisch klammern, denn hierdurch wird unsere Fähigkeit, Grenzen zu ziehen, beeinflußt. Wir können uns ganz fühlen, aber so lange unsere Kraft noch gebunden ist, werden wir niemals frei sein. Es ist unbedingt ratsam, die eigene Heilung damit abzuschließen, die Seelenteile, die wir anderen Menschen möglicherweise entwendet haben, zurückzugeben.

Während dieses Prozesses ist es wichtig, sich selbst gegenüber mitfühlend zu sein. Genauso, wie es eine erlernte Verhaltensweise ist, sich die Seele nehmen zu lassen, so ist es auch das Stehlen. Wir brauchen uns nicht gegenseitig zu beschuldigen, sondern wollen unsere Gesellschaft verbessern, damit überwundene Krankheiten nicht erneut ausbrechen.

Hier noch einige Beispiele zum Thema Grenzen ziehen und wie sich dadurch das Leben eines Menschen positiv verändern kann:

Seit ich an der Seminarwoche teilnahm, hat sich in meinem Leben viel verändert und zusammengefügt. In meiner Seelenrückführung bekam ich vier Teile wieder; mein vierjähriges, mißhandeltes Kind, zwei Stücke, die mich beim Tod meines Mannes und meiner Schwester verlassen hatten und dann noch meine weibliche Kriegerin, ziemlich viel also. Die Geschichten gehören zwar alle zu meinen Lebenserfahrungen, aber ich möchte von der Kämpferin erzählen.

Meinem schamanischen Berater zufolge verließ mich meine Kämpferin, weil ich meine Kraft Männern überlassen habe, mit denen ich arbeite oder eine Beziehung hatte. Das traf den Nagel auf den Kopf.

Ich fühlte immer, daß mir die Männer in meinem Leben überlegen waren und Autorität verkörperten, was ich jahrelang so akzeptierte. Deshalb machte meine Kriegerin Urlaub, entweder aus Abneigung oder vor lauter Wut. Als sie dann zurückkam, fühlte ich mich riesig, als wenn ich um einen Meter gewachsen wäre. Nach langen Verhandlungen stimmte sie zu, zurückzukommen und so lange bei mir zu bleiben, wie ich diesen Teil von mir respektierte. Sie war damals vor allem wegen der Vorfälle gegangen, die mir als Kind wiederfahren waren; ich wurde mißhandelt und kannte keine sicheren Grenzen. Die Mißhandlungen verkrüppelten meine Seele, meine Gefühle und meine Gedanken. Meine Großmutter hatte mich damals viele Jahre lang immer an einen Telefonmasten gekettet, da sie mich als Eindringling in ihrem Leben betrachtete. Zwischen meinem sechsten Lebensmonat und siebten Lebensjahr war sie meine wichtigste Bezugsperson. Es war eine entsetzliche Zeit und ich bin inzwischen seit zwei Jahren deswegen in Therapie. Langsam kehrt meine Erinnerung zurück und ich kann die Handlungsmuster, wie ich mich selbst verausgabe, erkennen. Psychische Angriffe sind dabei für mich die schlimmste Form, um Teile meines Selbst aufzugeben. Außerdem befasse ich mich schon lange mit Schamanismus und ganzheitlicher Heilung, weil ich ein Bedürfnis nach Genesung spüre, das sich unbewußt entwickelt hat. Schon bevor ich begann, meine Probleme zu lösen, fühlte ich, daß Teile meiner Seele fehlten. Meine Reisen machten mir klar, daß ich eine psychotische Spaltung durchgemacht hatte. Viele Jahre war ich mir nicht im klaren darüber, ob ich überhaupt in dieser Welt weiterleben wollte. Seit meiner Seelenrückführung hat sich das entscheidend geändert, und ich lebe heute bewußt, voller Freude und mit Selbstrespekt.

Als ich nach dem Seminar in den Alltag zurückkam, bemerkte ich eine Verlagerung. Ich versuchte nicht etwa bewußt, mich anders zu verhalten oder etwas zu verändern: viele Dinge meines Lebens hatten jedoch plötzlich eine andere Bedeutung für mich. Hierfür ist meine Tochter ein gutes Beispiel. Wir sind seit langem miteinander eng verbunden, und ich habe Schwierigkeiten, mich ihr gegenüber abzugrenzen. Manchmal ist es nicht klar, wo ich aufhöre und sie anfängt. Nach dem Seminar sah ich das anders. Sie hat ihre eigene Persönlichkeit und so soll es sein. Wenn sie nun ausprobiert, wie weit sie gehen kann, reagiere ich nicht mehr aggressiv, sondern sage, was ich von ihr erwarte und verfolge es konsequent. Ich bleibe ruhig, konsequent und liebevoll. Früher habe ich in der gleichen Lage vor Wut meine Nerven verloren und losgebrüllt. Danach tat es mir dann so leid, daß der eigentliche Anlaß in den Hintergrund trat und ich nicht mehr in der Lage war, Grenzen zu ziehen und durchzusetzen. Das ist nun vorbei. Ich kann ihr jetzt besser zuhören, und wir können uns über wirklich wichtige Themen unterhalten. Ich respektiere sie nun als eigenständigen, von mir unabhängigen Menschen.

Unsere Seminarleiterin erklärte uns, daß die Veränderungen, die wir erleben, von anderen wesentlich deutlicher wahrgenommen wurden, als von uns selbst. Menschen aus unserer Umgebung würden uns ein entsprechendes Feed-back geben. Meiner Mutter fiel die Veränderung auf. Ich kann sie jetzt so akzeptieren, wie sie ist, und manchmal ist sie eben betrunken und verletzend. Ich muß nicht bei ihr bleiben, wenn sie mich beschimpft, aber ich rege mich auch nicht mehr so auf, wenn sie mich, ihre Tochter, wegen des Alkohols vernachlässigt.

Am stärksten bemerkte mein Ex-Mann die Veränderungen und unterstützt mich dabei. Er sagt, ich sei ganz anders und viel umgänglicher, und er mag mich jetzt viel lieber. War ich durch meine Angst auch hier zum Krüppel geworden? Vielleicht. Nach dem Seminar brach ich auf jeden Fall sofort die Beziehung zu meinem Liebhaber ab. Das hatte ich bereits seit Jahren versucht. Immer wenn ich mich endgültig trennen wollte, passierte etwas – mein Auto ging kaputt oder irgendein anderes Problem tauchte auf – von dem ich glaubte, nicht alleine damit fertig zu werden. Auch diesmal stand mein Auto wieder defekt in der Auffahrt, aber diesmal fühlte ich mich stark und hatte endlich die Kraft, die Trennung durchzuziehen. Es war ein erhebendes Gefühl. Endlich kann ich, Mary Jeanne, erklären, daß ich mich nie mehr mißhandeln lasse!

Ich war emotional nicht auf die Veränderungen vorbereitet, die der Seelenrückführung folgten. Und ich mußte noch nicht mal selbst etwas dazu beisteuern, sondern nur einfach annehmen. …

Seit ich meine Seelenteile zurückbekommen habe, habe ich nicht mehr das entsetzliche Gefühl, daß irgend etwas mit mir nicht stimmt. Ich denke nicht mehr, daß es an mir liegt, wenn irgend etwas nicht so läuft, wie es sollte, oder etwas in meiner Umgebung nicht stimmt. Und wenn heute Gedanken von früher, an Schuld, Verantwortung, Negatives aufkommen, kann ich etwas kontrollieren. Sie haken sich nicht mehr fest. Ich bin nicht mehr innerlich leer.

Es war mir nie möglich, dieses Loch in mir zu beschreiben, zu sehen oder zu verstehen, denn es veränderte sich ständig. Jahrelang verleugnete ich seine Existenz und verstand nie, wovon die anderen redeten. Es war kalt und dunkel, formlos und voller Tränen, die herausliefen, so daß der volle See zwar kleiner wurde, aber nie ganz verschwand – und auch in Zukunft nicht. Ich schämte mich immer, diesen »Mangel« zuzugeben, denn ich dachte, ich sei dafür verantwortlich. Wenn ich mich nur anders benehmen oder anders sein könnte, würde er schon verschwinden.

Nun, ich glaube, er ist weg. Ich fühle mich innerlich ausgefüllt, warm. Obwohl ich noch manchmal traurig bin, versinke ich nicht ins Bodenlose. Die Trauer vergeht wieder. Wenn hingegen die neuen Denkweisen, die ich in harter Arbeit erlernt habe, meine Gedanken ausfüllen, halte ich sie gerne fest. Ich bin kein hoffnungsloser Fall und sie können bei mir bleiben. (Ich bin aber auch kein Versager, wenn sie nicht bleiben.) Am wichtigsten ist, glaube ich, daß ich mich nicht mehr selbst gedanklich mißhandle. Zumindest fühlt es sich so an, und ich kann mich entspannen. Wenn ich etwas sage, das sich nicht gut anfühlt, kann ich aufhören. Ich kann mir sagen, daß es nun gut ist, und dann glaube ich auch daran. Zum ersten Mal kann ich auf meine Gefühle reagieren – und darauf vertrauen. In meinem Inneren spüre ich mich und finde das gut so. Es gibt da wirklich ein Ich in mir. Was ich denke und fühle, gehört zu mir und wird nicht mehr durch ein anerzogenes Wertesystem von gut und schlecht gefiltert, bis nichts mehr davon übrig ist. Vielleicht sind die Wunden, die ich durch verbale Mißhandlungen davontrug und die ständig durch meine Gedanken zogen und bluteten, endlich verheilt. Die Worte, mit denen ich mich so lange selbst erniedrigte und die mich mehr zerstörten, als mir bewußt wurde, brauche ich nicht mehr kräftezehrend zu bekämpfen. Ich weiß nicht, wie lange ich es noch ausgehalten hätte. Nun gibt es sie nicht mehr und ich kann es fast nicht glauben. Selbst wenn ich mich nur ein wenig in Frage stelle, kann ich sofort aufhören, bevor alles wieder außer Kontrolle gerät.

Jeder Angehörige der heilenden Berufe muß üben, sich von den Problemen der Klienten oder Patienten abzugrenzen und zu schützen.

Man muß lernen, intensive Gefühle, die in einer Sitzung behandelt wurden, frei- und loszulassen.

Wir dürfen im Umgang mit anderen Menschen unsere Aufmerksamkeit nicht nur auf Verlagerungen der psychischen und emotionalen Energie richten, sondern müssen auch darauf achten, daß weder unsere Seele genommen wird, noch wir eine andere stehlen.

Wir können uns für lebensbejahende Beziehungen mit anderen Menschen entscheiden.

Der Schlüssel zu einer positiven Zukunft liegt darin, sich selbst zu kennen, damit man genau ausloten kann, welche Ideen und Gedanken zu uns, und was zu anderen gehört.

Wir erhalten, was wir geben.

ÜBUNGEN

1. Mit wem bin ich eng verbunden? Kann ich unterscheiden, wer ich als Mensch bin und wer die anderen? Wie projiziere ich meine Vorstellungen auf diese Menschen und umgekehrt?
2. Gibt es irgend jemanden in meinem Leben, zu dem ich eine ungesunde Beziehung unterhalte; einen Menschen, mit dem ich nicht aus unser beider freiwilligen Entscheidung Umgang habe?

Hier bietet es sich an, ein Ritual durchzuführen, um die Teile der Beziehung, die nicht gut sind, zu lösen. Dabei geht es sowohl darum, den Teil der Seele zurückzuholen, den wir abgegeben haben, als auch das zurückzugeben, was uns nicht gehört. Nach dem Ritual ist es sehr interessant auf Veränderungen in der eigenen Umgebung zu achten.

3. Ich schreibe die Namen all jener Menschen auf, bei denen ich lernen will, Nein zu sagen. Wie bejahe ich mich damit?

KAPITEL 5

DIE EIGENE KREATIVE KRAFT NUTZEN

Es bedarf erstaunlich viel Energie, krank zu bleiben, egal, ob es sich nun um eine seelische, physische oder geistige Krankheit handelt. Nicht gesund zu werden ist gegen die Natur, und man muß viel Kraft aufwenden, um sich gegen den natürlichen Lauf der Dinge zu wehren. Ich kann mich gut an meine Erschöpfung erinnern, als ich unter chronischer Depression litt und verhindern wollte, daß sich meine Kraft in Bewegung setzte.

Nachdem ein Mensch sich zur Genesung entschlossen hat, setzt er ein unglaubliches Potential an Energie frei. An diesem Punkt kann man frei wählen, ob man die Kraft in eine erneute Krankheit, eine Verletzung oder eine Tragödie steckt; oder damit positivere Lebensumstände schafft. Als erstes muß ich entscheiden, wohin es gehen soll. Kranksein kann zur Gewohnheit werden, und der erste Schritt zur Besserung ist, das Alte wirklich ablegen zu wollen.

Ich kann mich erinnern, daß es mich nach meiner eigenen Heilung, als ich meine früheren Verhaltensmuster deutlicher analysieren konnte, entsetzt hat, daß ich den Schmerz immer den glücklichen Zeiten im Leben vorgezogen hatte. Nach meiner Genesung fühlte ich mich ganz anders und war mir sicher, daß ich mich nie mehr so entscheiden wollte. Ein Leben voller Schmerz hatte einfach keinen Sinn. Ich weiß noch genau, wie ich mir selbst das Versprechen gab: wenn ich hier auf dieser Erde leben und arbeiten soll, will ich meine Energie mit Bedacht einsetzen. Alle Kraft, die ich in meine Krankheit und Depression investiert hatte, wollte ich dazu verwenden, mir ein frohes und erfülltes Leben aufzubauen. Das war der erste Schritt. Nachdem ich eine bewußte und eindeutige Entscheidung getroffen hatte, änderte sich mein Leben dramatisch. Ich glaube, es war die bedeutsamste Entscheidung meines Lebens.

Der erste Schritt war, eine klare Entscheidung zu treffen, nun mußte ich wählen, wie ich meine Energie einsetzen wollte. Für mich bedeutete das, alles, was ich früher in die Sorgen um meine Zukunft investiert hatte, nun benutzte, um so kreativ wie nur möglich zu sein. Ich ging in mich, um das zu finden, was meinem Leben Bedeutung gab, und überlegte mir Möglichkeiten, mein Wissen anderen zur Verfügung zu stellen. Das hieß, mehr zu unterrichten, und als ich mich im Laufe der Zeit immer besser in meinem neuen Leben zurechtfand, stellte ich fest, daß ich mein Wissen immer stärker mit anderen teilen wollte. Hierfür brachte ich schier grenzenlose Energien auf, die mir zur Verfügung standen, seitdem ich nicht mehr meine ganze Kraft in die Sorgen um das Morgen steckte.

Als mich Anne aufsuchte, litt sie unter chronischer Müdigkeit, und ich führte eine schamanische Heilung durch. Dadurch wurde auch bei ihr Interesse an schamanischer Arbeit geweckt und sie nahm an meinen Workshops teil, um selber zu lernen, schamanisch zu reisen. Während meiner Arbeit mit ihr fiel mir ihre besondere Begabung für schamanische Arbeit auf, und ich ermunterte sie, das Erlernte bei anderen anzuwenden. Dies stellte sich als vorteilhaft für alle heraus. Sie wurde nicht nur eine ausgezeichnete schamanische Heilerin, die vielen Klienten helfen konnte, sondern ganz nebenbei verschwand auch ihre chronische Müdigkeit. Sie investierte ihre Energie in Hilfe für andere und heilte damit sich selbst.

In meinen Workshops und auch in meiner persönlichen Arbeit konzentriere ich mich auf die schöpferische Kraft, die nach der Heilung frei wird. Durch den Heilungsprozeß steht mehr Energie zur Verfügung, aber diese Energie kann auch weitere Krankheiten und Verschlechterungen auslösen, die sich dann auch noch erheblich schneller entwickeln als das ursprüngliche Problem.

Als ich vor einigen Jahren anfing, über meine Ideen zu sprechen, überraschte es mich, wie viele Menschen zustimmten und sagten, daß sie nicht wüßten, wie sie in ihrem Leben etwas anderes als Schwierigkeiten erleben könnten. Es scheint, als ob wir in unserer

Kultur ständig vom Pech verfolgt werden. Wie oft haben wir schon gehört oder selbst gesagt: »Immer ist doch irgendwas.« Wem ist dabei schon mal in den Sinn gekommen, daß es nicht immer »irgend etwas« sein muß, sondern jeder die Wahl hat?

Wenn diese Vorstellung bisher nicht zum eigenen Denken gehörte, ist es Zeit, das eigene Leben unter die Lupe zu nehmen. Was ist für mich von Bedeutung? Die meisten Menschen hängen sich an dem Wort »kreativ« auf, denn sie meinen, es hat mit Kunst zu tun, und wir alle wissen, daß nur wenigen vergönnt ist, als Künstler berühmt zu werden. Aber der Ansatz ist falsch. Wir alle können uns durch Bilder, Worte, Tanz oder Objekte ausdrücken und niemand hat das Recht, unsere Leistung zu bewerten oder herabzusetzen.

Als ich 1970 auf der Universität war und gegen jeden und alles rebellierte, forderte ich meinen Professor für Englisch heraus. Ich erinnere mich, daß ich zu ihm sagte: »Sie haben meine Arbeit mit einer Drei minus bewertet. Ich habe den Text von Herzen geschrieben. Woher nehmen Sie das Recht, meine Überzeugung zu beurteilen und zu benoten? Ist es möglich, daß ein anderer Professor, der eine andere Ansicht hat, die gleiche Arbeit mit einer Eins bewertet hätte«? Er schaute mich an, als ob ich nicht bei Trost sei, mußte mir aber zustimmen, daß ein anderer meine Arbeit vielleicht anders sähe.

Es ist wichtig, das, was uns wichtig ist, ohne Angst vor Bewertung zu tun und Kreativität zu nutzen. Leben nach der Heilung bedeutet, sich so auszudrücken, wie man selbst möchte. Der eine geht vielleicht täglich eine Stunde spazieren, statt deprimiert in einer Ecke zu sitzen. Ein anderer kümmert sich lieber um Pflanzen und steckt seine Energie in einen Garten. Es ist möglich, einen Kurs zu besuchen und einfach etwas lernen, was einen reizt, nur um das eigene Wissen zu erweitern. Vielleicht möchte jemand lieber ehrenamtlich arbeiten, im Krankenhaus, im Altersheim oder in der Sterbehilfe. Oder wie wäre es mit lesen, malen, schreiben, tanzen, töpfern; es gibt unzählige Möglichkeiten, Energie zu nutzen und nur wir selbst wissen, was uns Spaß macht und uns interessiert.

Nur Mut, es lohnt sich, es zu versuchen. Hier gibt es nichts zu verlieren, aber alles zu gewinnen.

Lois beschrieb ihre Reise, in der sie Rat suchte, wie sie ihre Kreativität richtig einsetzen konnte:

Mir wurde gesagt, daß meine siebenjährige Heilungsphase ihrem Ende zugeht. Ich will meine Energie jetzt kreativ nutzen. Ich wurde in eine wunderbare Kristallgrotte gebracht, sie sah wie das Innere einer Druse aus. Ein Geist des Gesteins kam und grüßte mich. Sie sagte, ich solle etwas herstellen, das Humor, menschliches Leid und Freude ausdrückt; es soll ausdrücken, was es bedeutet, mit einem menschlichen Bewußtsein zu leben. Handgeknüpfte Netze mit einem kleinen Kristall (Spiegel) in jedem Knoten stellen das »Netz der Indra« dar, und jede Bewegung wird tausendfach, bis in die Unendlichkeit reflektiert. Das ganze sollte ungefähr viereinhalb Meter lang werden und all die Erfahrungen meiner Reisen enthalten. Zu diesem Zweck wird mich der Geist des Kristalls mitnehmen; alles, was sie mir zeigt oder was ich erlebe, soll ich in irgendeiner Form in das Netz einarbeiten, bis es zum Schluß Erinnerungen an alle Erlebnisse und Erfahrungen dieser Reisen enthält. Ich soll darauf vertrauen, daß alles so läuft und daß meine Arbeit ausgestellt wird und anderen Menschen etwas bedeutet.

Während ich das Netz herstelle, schreibe ich alles auf. Die Erzählung der Reisen wird ein Teil des Kunstwerkes sein, damit alle verstehen, daß dieses Kunstwerk aus schamanischen Reisen entstanden ist. Daraus könnte dann ein Buch werden, in dem sich Nahaufnahmen der einzelnen Knoten und die niedergeschriebenen Erlebnisse ergänzen; auf diese Weise können Betrachter an meinen Erfahrungen teilhaben und sie nachvollziehen.

Dann wollte mir der Geist des Kristalls noch etwas anderes zeigen: Die Geister möchten, daß ich als Heilerin das Medium bin, durch das sie mit den Menschen arbeiten können. Es herrscht so viel Leid und gleichzeitig ist es für alle notwendig, durch die eigene Angst und Verzweiflung hindurch zu gehen und das Glücksgefühl zu erleben, als menschliches Wesen zu leben. Dies ist der kreative Weg, meine Kraft zu nutzen und gleichzeitig den Sinn meiner eigenen Erkrankung und Heilung. Diese Reise begann ich vor sieben Jahren, und nun sehe ich das Ergebnis. Es erfordert den schöpferischen Einsatz meiner Energie und ist ab jetzt mein Leben. Ich werde es annehmen, ihm vertrauen und es sich entwickeln lassen. Sicher werde ich Unerwartetes erleben, aber ich weiß, daß ich auch die Kraft haben werde, Herausforderungen zu bestehen. Ich muß meinen Sinn für Humor bewahren und meinem Leben folgen wie ein Kanu dem Flußlauf folgt. Manchmal wird es voller Stromschnellen sein, dann wieder ruhig und beschaulich. Ich soll vertrauen und mich meinem Leben hingeben. Das ist meine Botschaft; das ist meine Reise und mein Leben nach der Heilung.

Bei schamanischen Heilungen von Klienten mit lebensbedrohlichen Erkrankungen bemerke ich gewisse Muster. Leute, die mich nur einmal aufsuchen und sich weigern, über Änderungen in ihrem Leben nachzudenken, erkranken nach einer Periode der Genesung erneut. Klienten jedoch, die ihre Heilung durch notwendige, lebensbejahende Maßnahmen unterstützen und ihre schöpferischen Kräfte positiv einsetzen, bezwingen die Erkrankung. Ich behaupte nicht, daß ein Genesungsprozeß ganz einfach ist – für mich ist auch der Tod kein Versagen, sondern eine andere Form der Heilung – aber mir ist folgendes wichtig: Jeder Mensch trägt selbst die Verantwortung für die eigene Gesundheit und dafür, sie zu erhalten. Wenn jemand das ablehnt, sehe ich keine Möglichkeit, wie sich dann das eigene Leben zum Besseren verändern läßt.

Der Schlüssel zu einer gesunden Gegenwart und Zukunft ist, sich bewußt dafür zu entscheiden. Es ist wichtig, auf die Fähigkeiten eines jeden Menschen zu vertrauen, das eigene Leben erfolgreich zu gestalten und sich bewußt zu sein, daß einem das Beste zusteht. Aus dieser Überzeugung heraus fällt es leicht zu handeln und die eigene Kraft kreativ einzusetzen. In meinen Kursen lehre ich, daß *Macht* die Nutzung von Energie bedeutet; die Fähigkeit, Energie umzuwandeln. Wenn wir ein Leben nach der Heilung beschreiben, dreht es sich in Wirklichkeit um eine lebensbejahende Nutzung unserer Energie in der Zukunft, durch die wir neue Kraft erlangen.

BEFREIUNG VON VORURTEILEN UND EINSCHRÄNKENDEN GEDANKEN

Wenn wir versuchen, uns schöpferisch zu betätigen, hält uns oft etwas in uns zurück. Meistens ist es eine Stimme aus der Vergangenheit, die uns an Kernüberzeugungen erinnert, an denen wir unsere Entscheidungen im Leben ausrichten. »Ich bin nicht gut genug«, »das geht schief«, »ich werde bestimmt ausgelacht«, »ich habe nicht genug Zeit«, »das schaffe ich nie«, »ich weiß gar nicht, wie man das macht« – die ganze Liste endloser Phrasen, die Veränderungen von vornherein ausschließen.

Mich interessiert, woher diese verinnerlichten Überzeugungen kommen. Das heißt, soweit wie möglich in die Vergangenheit zurückzugehen, um das Ereignis zu finden, das unsere Überzeugung geprägt hat und das vielleicht schon in sehr jungen Jahren stattfand. Das ist bereits ein wichtiger Schritt, um gesund zu werden, unabhängig davon, welche Behandlungsmethode wir wählen. Sobald wir das prägende Erlebnis ausfindig gemacht haben, müssen wir im nächsten Schritt lernen, es loszulassen.

Eine hervorragende Möglichkeit hierfür bietet sich mit einer Zeremonie oder durch ein Ritual. Schon die Vorbereitung eines Rituals bedeutet Veränderung. Wer ein Ritual benutzt, bezieht Kopf, Körper und Geist ein. Der Kopf bestimmt den Ablauf, der Körper führt aus und der Geist achtet auf den richtigen Ablauf und bezeugt das Erlebte. Da wir einen so beträchtlichen Teil unserer Energie in die Vorbereitung und den Ablauf des Rituals stecken, nimmt es unsere Psyche sehr ernst und leitet die erforderlichen Veränderungen ein.

Rituale können alleine oder in einer Gruppe durchgeführt werden, was sich meiner Erfahrung nach als vorteilhafter erwiesen hat. Sobald andere Menschen dabei sind, wird die Ernsthaftigkeit hervorgehoben. Es gibt Zeugen und die Gemeinschaft verstärkt den Willen zur Veränderung. Gleichzeitig finden wir bei anderen die nötige Unterstützung, die auch nach dem Ritual wichtig bleibt.

Wir brauchen in unserem Leben Menschen, die uns in unseren Bemühungen und auf unserem Weg in ein besseres Leben unterstützen.

Ich habe bereits viele »Befreiungs-Zeremonien« für Gruppen und Einzelpersonen geleitet und auch für mich selbst schon einige durchgeführt. Dabei benutzte ich besonders gerne Feuer, weil ich es zum Loslassen für sehr wirksam halte.

Zunächst ist es wichtig, das blockierende Erlebnis, die einschränkende Einstellung zu diesem Zeitpunkt herauszufinden. Wer bereits in schamanischen Reisen bewandert ist, kann zu einem helfenden Geist reisen, der dann diese Informationen liefern kann. Wenn das nicht möglich ist, sollte sich der Betroffene in eine ruhige Ecke zurückziehen und sich an die eigene Vergangenheit erinnern. Vielleicht ist das Problem aber auch bereits aus der bisherigen Genesungsarbeit bekannt.

Dann stelle ich einen Gegenstand her, der diese Anschauung oder Verhaltensweise verkörpert. Er soll nicht nur symbolische Bedeutung haben, sondern wirklich der sicht- und greifbare Ausdruck der einschränkenden Überzeugung sein. Jonathan Horwitz, ein Anthropologe, sagt: »Schamanische Kunst symbolisiert keine Macht – sie ist es.«

Ich empfehle, einen Spaziergang zu machen und Zweige, Gräser, Blätter und Blumen sowie weitere Gegenstände zu sammeln, die sich zu diesem Talisman verarbeiten lassen, der dann die einschränkenden Glaubensmuster in unserem Leben darstellt. Vielleicht will jemand ein Bild dessen malen, was ihn an der eigenen Entfaltung hindert, es zu zeichnen, oder es zu beschreiben. Es ist nicht ausschlaggebend, wie das Werk aussieht, sondern die Kraft und der Willen, die wir hineinlegen. Es ist gut, alle Handlungen schweigend auszuführen; ungestört und konzentriert.

Auch wenn das Ritual mit Freunden gefeiert wird, sollte jeder den Talisman für sich alleine anfertigen. Jeder behält für sich, von was er sich befreien möchte und wir reden nicht miteinander. Oft zerstören wir die Kraft eines Augenblicks durch unangebrachtes Reden, wir wollen aber die Kraft in uns sammeln, um sie dann wirklich freilassen zu können.

Als nächstes brauchen wir ein Feuer. Falls möglich, können wir ein Feuer im Freien machen, eine Alternative ist ein Kamin. Sogar einen Grill habe ich schon benutzt, wenn es keine andere Möglich-

keit gab. Das ganze sollte möglichst am Abend stattfinden, denn die Dunkelheit verleiht dem Ritual eine besondere Kraft.

Wer das Ritual alleine durchführt, bringt das Kraftobjekt mit und macht sich ein Feuer. Als Gruppe verabreden wir uns und bereiten die Feuerstelle gemeinsam vor. Es handelt sich hierbei um eine heilige Zeremonie, die als Tag der Befreiung in unser Leben eingehen wird. Vielleicht möchte jemand sich zu diesem Anlaß besonders kleiden: etwas Schönes anziehen, oder etwas, worin man sich stark oder sehr wohl fühlt. Schließlich lassen wir uns auf ein unbekanntes Risiko ein.

Sind die Vorbereitungen abgeschlossen, rufen wir die helfenden Geister an; entweder wenn wir das Feuer vorbereiten oder aber wenn es schon brennt, und bitten sie um Unterstützung, Rat und Wohlwollen in der nun beginnenden Zeremonie. Wir bitten sie, unsere Befreiung zu bezeugen.

Die Zeremonie hat eigentlich schon mit der Entscheidung und der Herstellung des Talismans begonnen. Viele Heiler sind der Überzeugung, daß wir das, was wir freilassen möchten, in unserem Körper spüren müssen, bevor eine Veränderung stattfinden kann. Ich mache das, indem ich meine alten Überzeugungen, die ich loswerden möchte, »tanze«. Für mich ist das die letzte Möglichkeit, sie wirklich noch einmal zu fühlen.

Wer die Zeremonie allein feiert, kann den Zeitpunkt dafür frei bestimmen. Für eine Gruppe schlage ich vor, daß einer nach dem anderen tanzt. Am Anfang mag es einem komisch vorkommen oder man fühlt sich beobachtet, aber wer die eigene Seele zeigen will, muß sich Verletzlichkeit zugestehen.

Ich lasse den Gegenstand, den ich in der Hand halte, in dem Moment ins Feuer fallen, wenn ich beim Tanzen das Gefühl in meinem Körper ganz deutlich spüre. Ob es nun ein Stück Papier oder irgendein anderer Gegenstand ist: einfach loslassen. Dabei bitten wir das Feuer, diese Energie aufzunehmen und sie in heilende Kraft zu verwandeln. Als Dank werfen wir etwas Zedernholz oder Tabak in die Flammen, bevor sich jeder wieder auf seinen Platz setzt.

Die anderen Gruppenmitglieder können während dieses Teils der Feier trommeln, rasseln oder summen. Wer mag, kann unterstützende Worte sprechen oder aufmunternde Rufe hören lassen, während sich ein Teilnehmer nach dem anderen von seiner Last befreit. Dies sind jedoch alles nur Vorschläge. Rituale verlieren ihre Macht und ihre Bedeutung, wenn sie wie Rezepte kopiert werden. Jede Zeremonie braucht ein eigenes Ritual, das von Herzen kommt und für einen selbst wichtig ist.

In meinen Feiern verwende ich gerne Feuer, da es wirklich umwandelt; sogar über dem Waschbecken habe ich schon beschriebene Zettel verbrannt. Doch es gibt unzählige andere Möglichkeiten: die Gegenstände können vergraben werden und man bittet dann mit Respekt und Liebe die Erde, alle Energie aufzunehmen und zu verwandeln; oder auch Wasser, einen Fluß, See oder das Meer eignen sich für so eine Zeremonie.

Man kann keine Fehler machen und es gibt auch keine falschen Rituale. Ebensowenig ist eine Methode wirksamer als eine andere. Ausschlaggebend ist nicht die äußere Form, sondern der Wille und die eigene Einstellung, die das Ritual und die ihm innewohnende Kraft bestimmen. Timothys Erlebnisse verdeutlichen, wie wichtig Vertrauen in die Zeremonie ist:

Das Feuerritual hat mich besonders beeindruckt. Ich habe den Flammen meine Negativität, Verzweiflung und Hoffnungslosigkeit übergeben. Zuvor reiste ich zum Feuer und sprach mit ihm über den Ablauf der Zeremonie. Ich hörte: »Betritt den Kreis, schaue mich intensiv an und du wirst wissen, was du tun mußt«, beachtete aber die Worte nicht. Ich wollte im voraus wissen, was passiert, bevor ich den Kreis betrat, konnte mir aber keine Vorstellung davon machen. Endlich folgte ich doch den Worten. Kaum war ich in den Kreis getreten und hatte in die Flammen geschaut, wurde mir ganz klar, was ich machen sollte. Ich hatte daran gezweifelt, ob das Feuer wirklich zu mir sprach und deshalb auch den Anweisungen nicht geglaubt. Für mich war es eine sehr gewinnbringende Zeremonie, bei der ich etwas über Vertrauen und Vorausplanen lernte.

In *Auf der Suche nach der verlorenen Seele* schrieb ich bereits, wie isoliert wir unser Leben verbringen, und wie wenig viele von uns noch ein Gemeinschaftsgefühl kennen. Mein Vorschlag war, daß sich jeder zumindest einen Menschen suchen sollte, mit dem er die Inhalte des Buches besprechen kann. In diesem Buch möchte ich noch einen Schritt weiter gehen. Diesmal soll jeder mindestens einen, besser jedoch zwei oder sogar drei Freunde finden, die ebenfalls ihr Leben verbessern möchten, denn es gibt sie. Es ist gut, sich miteinander zu treffen, um eine Zeremonie vorzubereiten und zu feiern, in der sich alle gegenseitig auf ihren Seelenwanderungen unterstützen.

Ein Ritual, das in der Gemeinschaft gefeiert wird, setzt außergewöhnliche Kräfte frei. DCB schreibt dazu:

Als Single fühle ich mich oft allein, aber nicht einsam. Während des Feuerrituals wurde ich durch das Trommeln und die Flammen in eine andere Dimension versetzt. Als ich schließlich zu tanzen begann, fühlte sich mein Körper vor lauter Energie – viel mehr als ich normalerweise habe – ganz schwer an. Es war fast so, als ob ich betrunken war, meine Beine gehorchten mir nicht mehr ... meine Absicht war glasklar, und die anderen um mich herum nahm ich kaum wahr ... ich hielt den Talisman aus Gras fest umklammert, bevor ich ihn ins Feuer warf ... der Jubel der Gruppe vermischte sich mit dem Klang der Trommeln ... Unterstützung, Bejahung, Zusammengehörigkeit ... für einen Augenblick war ich nicht allein auf der Welt.

Freude ... Gelächter ... eine innere Kraft durchflutete mich und putschte mich auf ... das Feuer und ich vereint ... endlich von allem befreit, was ich in meinem neuen Bewußtsein nicht mehr brauche ... ich spürte wie es war, als Flamme in der Nacht zu tanzen ... das Gefühl, von allen umarmt und willkommen geheißen zu werden.

Annette hatte ganz andere Erlebnisse:

Ich hatte schon immer Angst vor Feuer – für mich zerstört es alles, was von Bedeutung ist. In meinem Leben bedeutete es Hingabe und Kraft, zwei Dinge, die ich mied wie die Pest. Ich sah mich als Fels (in der Wüste, kahl, nackt, grau, abweisend), ein unbeweglicher, passiver Klotz aus Stein, an dem alles abprallt. Vielleicht wurde ich mit einem Gefühl für Glück und Fröhlichkeit geboren, aber das Verlangen und die Forderungen anderer haben mich ausgesaugt. Um zu überleben wurde ich zu Stein – so widerstand ich dem Terror, dem ich täglich ausgesetzt war. Als ich mich dann auf die Feuerfeier vorbereitete, zog es mich zu folgenden Gegenständen: einem scharfkantigen, schmutzigen Stein, den ich neben einer Brücke auflas; ein Stück Rinde, trockenes Laub und alte Äste. All dies stand für die Überzeugungen, die ich während der Reise erkannte: Meine Kopfschmerzen würden mich immer begleiten; eine Frau zu sein bedeutet, mißbraucht zu werden und Schmerz zu erleiden; mein Körper ist ein zerbrochenes Gefäß, ich werde niemals Gesundheit, Sexualität und Freude an körperlichen Erfahrungen haben; der männliche Teil meiner Persönlichkeit (dargestellt durch den Fels) ist stärker als meine weibliche, schöpferische Seite; ich bin nicht fähig, mich deutlich auszudrücken. Ich wußte, daß ich meine Brille abnehmen und auf meinem Platz liegenlassen mußte, als ich stolpernd den Stein über dem Feuer schwang. Während ich die Hitze der Flamme fühlte und die Trommeln hörte, nahm ich eine Stimme wahr: »Annette, ich werde dir nicht weh tun. Wärme muß nicht töten.« In diesem Moment gab ich den Kampf gegen die »Invasion« von Schaffenskraft und Mut auf, der mir psychisch wie physisch so viele Schmerzen bereitet hatte. Zu Leben heißt, den Tod loszulassen und vor Lebensfreude zu glühen. Nicht unkontrolliert, sondern umgeben von Steinen, Bäumen, Menschen, dem Kreis. Mein Todessymbol wurde zerstört und durch einen brennenden Busch ersetzt.

Christina schrieb:

Ich reiste, um »eine Einstellung zu finden, die mich hindert, in meinem Leben weiterzukommen und die ich heute Nacht im Feuer loswerden kann«. Mein Krafttier brachte mich an einen Fluß, zeigte darauf und sagte: »Du bist überzeugt, nicht dazuzugehören.«

»Was ist das?« fragte ich verwirrt, »ein Fluß?«

»Das ist die Arbeit, deine Familie, dein Weg, deine Richtung ...«, er wies in die Weite. »Du hast so viele Tiere und soviel Hilfe und trotzdem stellst du alles in Frage. Du weißt, daß du hierher gehörst, und dennoch zweifelst du daran. Du bist ein Teil des Ganzen«.

Ich hörte zu und wußte, daß ich keine Wahl hatte, außer ein Teil von allem zu werden. Ich erlebte die Feuerzeremonie wirklich als ›Feuertaufe‹, denn ich war der Überzeugung, »nicht dazuzugehören«. Ich überließ mich dem Gefühl, mit dieser Gruppe nichts zu tun zu haben. Ich war abwesend und konnte kaum den Takt halten, als wir zu trommeln begannen. Dieses zunehmende Gefühl der Ausgrenzung kam mir bekannt vor, doch der Schmerz, den ich fühlte, überraschte mich. Vorher hatte ich kaum bemerkt, wie weh das tat. Es fiel mir immer schwerer, mit der Gruppe zu trommeln, und das Gefühl, ausgestoßen zu sein, verstärkte sich. Ich mußte den Kreis betreten und schaffte nicht mal, das Feuer ganz zu umrunden. Mein Körper war durch meine Überzeugung gelähmt. Als ich meinen

Talisman ins Feuer warf, verfing er sich in meinen Haaren, was mein Bedürfnis, ihn loszuwerden, noch verstärkte. Meine Gefühle danach kann ich kaum beschreiben. Meine Heilung begann sofort, als ich den Kreis wieder verließ und erneut zu trommeln begann.

So einsam und isoliert ich mich vorher gefühlt hatte, war ich nun vom Rhythmus der Trommeln erfüllt und ich spürte, daß ich zur Gruppe gehörte. Zuerst fiel mir auf, daß ich den Takt hielt. Dann bemerkte ich, wie ich die anderen Gruppenmitglieder bei ihren Ritualen unterstützte, und dann begann ich, mich als ein Teil aller zu sehen. Als ich soweit gekommen war, zogen in meiner Erinnerung Bilder von den vielen Malen, die ich bereits unter Gleichgesinnten am Feuer verbracht hatte, vorbei: unsere Gemeindeabende am Lagerfeuer, Familienausflüge, Mond-Rituale – ich hatte sie alle vergessen. Auch als die Trommeln schwiegen, gehörte ich noch immer dazu. Ich hörte den Fluß hinter mir und mein Krafttier sagte: »Du bist ein Teil von allem.« Aus meiner Erfahrung heraus konnte ich in meinen Knochen spüren, daß es stimmte.

Auch Matthews Erfahrungen waren bewegend:

Die Feuer-Zeremonie war eine machtvolle Erfahrung für mich und ein passender Abschluß der Seminarwoche. Auf der Reise, die ich vorher unternahm um herauszufinden, was mich davon abhielt, meine Schaffenskraft zu nutzen, hatte mir meine Lehrerin erklärt, daß ich den Gedanken, ich sei nicht mein eigener Herr, loswerden müsse. Als Ausdruck dieses Mangels schlug sie mir einen schwarzen Ring vor, den ich ins Feuer werfen konnte.

Nach meiner Rückkehr suchte ich im Wald nach einem Gegenstand in dieser Form. Ich ging auf einen Hügel, zu meinen beiden Lieblingsbirken, die ich fragte, wo ich suchen sollte. Sie sagten: »Zu unseren Füßen«, und wirklich – trotz meiner Skepsis, mit Bäumen zu reden – da lag der perfekte Talisman. Von der Birke mit dem faulen Stamm war ein Stück auf die Erde gefallen. Diesen Birken fühle ich mich verbunden. Während der Zeremonie bekam ich nur am Rande mit, was die anderen machten. Mein schwarzer Ring hatte angefangen, die Erinnerungen an meinen schlimmsten Augenblick wachzurufen – als ich in New York in meiner schönen Wohnung im Bett lag und mich gefühlt hatte, wie eine Schildkröte auf dem Rücken, der ein

Spieß das Herz durchbohrt. Die Tränen strömten mir übers Gesicht und ich fühlte mich sehr schwach. Ich trat in den Kreis und sackte zusammen. Wie ein Baby lag ich zusammengekrümmt in der Dunkelheit auf der Erde unter meinem Mantel und erinnerte mich daran, wie ich dachte, nie wieder schlafen zu können. Dann stand ich auf, legte den Talisman ins Feuer und begann, mit dem Gesicht den anderen zugewandt, das Feuer zu umtanzen. Ich wollte, nachdem mein Schmerz vergangen war, meine neue Energie mit allen teilen. Zuerst rasselte ich ihnen zu, aber der Erfolg war mäßig. Nachdem ich aber den Kreis einmal umrundet hatte, merkte ich, wie ich die anderen dazu bringen konnte, mitzumachen; und sie rasselten, tanzten und jubelten mit mir. Ich war so glücklich, daß ich die ganze Nacht hätte weitertanzen können – ich trat jedoch in den Kreis zurück, um Platz für den nächsten zu machen. Danach beobachtete ich, wie einer nach dem anderen seine Schmerzen verbrannte, und wir alle trommelten und johlten immer lauter. Ich hätte bis zum Morgengrauen weitermachen können und die Erinnerung begeistert mich noch immer.

Indem wir uns selbst von blockierenden Grundsätzen, Regeln und Verhaltensweisen befreien, bestimmen wir unser Leben. Wir machen reinen Tisch für einen Neuanfang, indem wir fest daran glauben, daß alles machbar ist. Dazu brauchen wir großen Mut, gerade so wie auch die Gestaltung einer neuen Zukunft, ohne unsere alten Wunden, Mut erfordert. Wir müssen Träumer und Pioniere sein, wobei es spannend sein kann, sich all die neuen Möglichkeiten auszumalen, die uns offenstehen. Im wesentlichen geht es darum, weiter als bis an die eigenen Leistungsgrenzen zu denken, um jegliche Eltern- oder Rollenvorbilder, die uns blockierende Gedanken und Gewohnheiten beigebracht haben, auszuschließen. Die Menschen haben bisher noch nicht gelernt, ihr kreatives Potential zu nutzen. Wir können uns jetzt mehr zutrauen als in der Vergangenheit, und wir werden sehen, daß wir zu wesentlich mehr fähig sind. Es gilt, offen für die ungeahnten Möglichkeiten zu sein, um unserem Leben Freude und Zufriedenheit zu geben.

In *Auf der Suche nach der verlorenen Seele* schrieb ich, daß der Schlüssel zum Verständnis des Schamanismus der Wille und das Vertrauen sind. Es geht darum, Wünsche klar zu äußern und fest daran zu glauben, daß die Geister die Bitte erhören werden. In diesem Buch geht es nicht nur darum, auf die Geister zu hören, sondern – noch viel wichtiger – auf sich selbst. Hab Selbstvertrauen und trau der eigenen Wahrnehmung. Wer eine klare Absicht hat, was er erreichen möchte, den wird der eigene Geist unterstützen und ans Ziel bringen.

UNTERSTÜTZUNG DURCH DIE GEMEINSCHAFT

In *Auf der Suche nach der verlorenen Seele* beschrieb ich, wie wichtig in der schamanischen Gesellschaft die Gemeinschaft zur Unterstützung des Heilungsprozesses der einzelnen ist. Nun möchte ich auch hier noch weiter gehen.

Nach meiner Heilung von der Depression fühlte ich mich ständig hellwach. Während ich mit meinen eigenen Problemen beschäftigt war, nahm ich die Welt um mich herum nur durch einen Schleier war. Meine Kraft war nach innen gerichtet, und ich hatte keinen Blick für das, was um mich herum geschah.

Nach meiner Genesung, als meine Energie wieder frei war, konnte ich mich nicht länger von den Geschehnissen in meiner Umgebung »ausblenden«, egal ob es sich nun um Nachrichten aus der Welt, der Gemeinschaft, die mich umgab, oder um meine persönlichen Beziehungen handelte. Ständig war ich voll gegenwärtig. Gleichzeitig bemerkte ich jedoch auch, daß nicht alle Menschen in meinem Leben und in der Welt gesund werden wollten.

Manchmal fühlte ich mich einsamer als je zuvor, als ob alle bewußtlos oder schlafend durch den Tag gingen. Nach so vielen Jahren der Depression gab es mich wieder, und ich hatte die Energie, um mein Leben neu zu gestalten. Ich wünschte mir Gleichgesinnte. Ich wollte mich mit Menschen umgeben, die mein eigenes Wachstum widerspiegelten und mich nicht an die Wunden vergangener Zeiten erinnerten – Trennung, Einsamkeit, Betrug und Angst. Ich sah die Welt mit anderen Augen und wünschte mir Menschen, die diese Schönheit ebenso wahrnahmen. Die Erde und das Leben haben so viel zu bieten, und diese Freude wollte ich teilen und mich mit anderen in diesem Garten der Erde vergnügen.

Gemeinschaft bekam eine andere Bedeutung für mich. Ich suchte nicht mehr Leidensgenossen, sondern wollte Freunde, mit denen ich ein besseres Leben planen und an denen ich meine Pläne messen konnte. Es ist eine Herausforderung, in einer Welt zu leben, die, wie es scheint, den Hauptteil ihrer Energie darauf verschwendet, sich zu zerstören. In meinem Leben wünsche ich mir jedoch Menschen, die mich an meine Stärke und Kraft und das unbegrenzte schöpferische Potential, das in mir steckt, erinnern: eine Gemeinschaft, die anregt und ermuntert.

Meine Absicht, eine gesunde Gemeinschaft von Menschen um mich zu sammeln, und das Vertrauen, das, was ich brauchte, auch zu erreichen, bekam ich in meinem Leben oftmals belohnt. Es gibt viele Menschen, denen es ähnlich geht; Menschen, die deshalb nicht automatisch »erleuchtet« oder »perfekt« sind. Oft setzen wir uns unerreichbare Vorbilder als Maßstab. Wir urteilen nach dem Äußeren und wollen nicht unserer inneren Werte halber anerkannt werden. Nun zogen mich die Menschen an, die ebenfalls ihr Leben ändern wollten. Leute, die der Tragödien müde waren.

Ich weiß, daß es Menschen gibt, die neue Denkmodelle ausprobieren und in eine freundlichere Zukunft schauen, sonst würde ich dieses Buch nicht schreiben. Und deshalb fordere ich alle auf, sich in ihrer Gemeinschaft, mit der sie sich umgeben, umzuschauen. Wird das eigene persönliche Wachstum unterstützt? Wenn ja – ausgezeichnet. Wer jedoch feststellt, daß sich etwas ändern muß – nicht zögern. Am besten, man nimmt sich fest vor, Gleichgesinnte kennenzulernen, in deren Verhalten sich die eigenen Genesungsfortschritte widerspiegeln. Unser Geist wird diese Leute in unser Leben bringen. Wer meint, noch nicht genügend Selbstvertrauen zu haben, veranstaltet eine Zeremonie oder ein Ritual, wie in diesem Kapitel beschrieben und verabschiedet damit seine ihn einschränkenden Verhaltensweisen.

Es ist wichtig, an sich selbst zu glauben. Jeder verfügt über schöpferisches Potential und wir alle brauchen in unserem Leben Menschen, die uns bei unseren Bemühungen unterstützen, eine bessere

Zukunft für eine Erde zu schaffen, die als Ganzes noch nicht genesen kann. Es bedarf enormer Kraft, um in diesem Chaos einer sich ständig ändernden Welt in der eigenen Mitte zu bleiben. Wir müssen ständig wachsen, uns anpassen und uns weiterentwickeln. Als die Vereinigten Staaten vor einigen Jahren dem Irak den Krieg erklärten, reiste ich zu Isis. Ich fragte sie, was ich machen sollte. Natürlich konnte ich die Lage nicht beeinflussen, aber ich wollte wissen, was ich tun konnte und wie ich meine Einstellung verbessern konnte. Ihre Antwort war eindeutig: »Bei dieser ganzen Zerstörung muß es auch jemanden geben, der sich um den Garten kümmert.« Ich war davon sehr beeindruckt und auch heute erinnere ich mich auf meinen Seminarreisen durch das Land oft an ihre Worte. Ich habe mich entschlossen, »Gärtnerin« zu sein, egal was um mich herum passiert. Auch wenn andere ihre Zerstörungswut ausleben möchten, ist es für mich wichtig, diejenigen zu unterstützen, die das Leben schützen und fördern.

Es bedarf einer Menge Energie, um eine Krankheit, ein Trauma oder ein Drama entstehen zu lassen. Wir haben die Möglichkeit, unsere kreative Kraft neu einzusetzen und somit lebensbejahende Umstände oder Beziehungen zu festigen.

Macht ist die Fähigkeit, Energie zu nutzen, und umzuwandeln.

Wir können Rituale und Zeremonien nutzen, um uns von einschränkenden Denk- oder Verhaltensweisen zu befreien, die unsere Schaffenskraft lähmen.

Es ist für uns wichtig, in einer Gemeinschaft zu leben, die uns in unserem Fortschritt unterstützt – soziale Bindungen, die uns und unsere Träume widerspiegeln, auch wenn der Rest der Welt nur auf Zerstörung aus zu sein scheint.

Egal, was um uns herum geschieht, wir müssen uns um den Garten kümmern.

Indem wir uns von diesem einschränkenden Verhalten abwenden, befreien wir damit auch unsere Vorfahren, von denen wir diese übernommen haben. Auf diese Weise heilen wir in der Vergangenheit, in der Gegenwart und in der Zukunft.
Energie ist unsterblich: sie kann nur umgewandelt werden.

ÜBUNGEN

1. Wie will ich mein schöpferisches Potential nutzen?
2. Welche negativen Einstellungen hindern mich daran?
3. Ich denke mir ein Ritual aus, um diese Verhaltensweisen zu ändern. Dazu lade ich zwei oder mehr Freunde, Arbeitskollegen oder sonst jemanden ein, mit dem ich diese Reise unternehmen und dieses Ritual gemeinsam durchführen möchte.
4. Mit welchen Menschen möchte ich mich umgeben? Dazu am besten die gewünschte Eigenschaft dieser neuen Gemeinschaft so klar wie möglich aufschreiben.
5. Wir schaffen uns eine Umgebung voller Kraftgegenstände. Dazu richtet man sich eine Ecke in der Wohnung ein, in der man all die Dinge aufbewahrt, die an die eigene Kraft erinnern und bei Bedarf helfen, daran zu denken, wer wir sind.

Inmitten des sanften Geschenks
jugendlicher Freude
und Seins
einst gekannt
dann verloren.
Fand ich mich selbst
und erkannte wieder
meine Seele
meine Gedanken
reingewaschen
Erneuert

Obgleich
vage erinnert
wie durch Nebel.

Ich umarmte das Selbst
das ich nicht kannte
für so lange Zeit
doch willkommen hieß
in meinen Armen
so lieblich.

Gefühle, lange vergangen
sprangen erneut
mir aus der Brust
wie verborgene Blumen
versteckt
am dunklen Ort
so glücklich
das Sonnenlicht
wieder
zu sehen.

Harriet Toben

KAPITEL 6

ERKENNE DICH SELBST

Die neunziger Jahre sind eine Zeit großer Veränderungen und Wandlungen, die viele Menschen stark verunsichern. Sie versuchen deshalb, ihr Leben unter Kontrolle zu behalten, indem sie ihr eigenes und das Leben anderer genau festlegen. Uns ist vielfach beigebracht worden, daß Neuerungen schlecht sind; gleichzeitig sind wir ein Teil der Natur und können uns nicht von ihr lösen. Natur aber befindet sich ständig im Wandel. Veränderung bedeutet Weiterentwicklung und Wachstum.

Durch Kontrolle werden wir die Lösungen für die Probleme unseres Jahrzehnts nicht finden. Der Schlüssel für ein besseres Leben liegt in der Fähigkeit sich hinzugeben und doch in der eigenen Mitte zu bleiben. Dafür ist es notwendig, sich selbst zu erkennen: unsere Grenzen zu kennen, eigene Wertvorstellungen zu entwickeln und zu wissen, was richtig und was falsch ist. Es ist wichtig, integer und wahrhaftig zu sein und sowohl mit uns selbst wie mit anderen Mitgefühl zu haben.

Um all diesen Anforderungen gerecht zu werden, müssen wir die für uns richtigen Beziehungen wählen. Das bedeutet, uns denen zu verweigern, die Veränderung aus Angst bremsen wollen. Die Veränderung in uns beginnt damit, ja zu allem zu sagen, das lebensfördernd ist. Und nur ich selbst kann beurteilen, was das für mich ist. Um eine positive Zukunft zu gestalten, müssen wir die eigene Kraft zurückverlangen und in Kenntnis unseres Selbst eine Aussage treffen. Was wir lernen, soll aus Sanftmut und Freundlichkeit entstehen, und nichts was wir an innerem Wachstum erleben ist zu viel. Wir sind in der Lage, das, was uns erwartet, zu bewältigen. Obwohl wir in unserer Erziehung gelernt haben, unsere Kraft zu verschenken, sind wir – als Einzelwesen und auch als Gemeinschaft – dafür verantwortlich, unser Leben zu verbessern. Viele Menschen suchen ihr Heil bei politischen Parteien, Sekten oder der Wissenschaft. Wie kann jemand anders unsere Verantwortung übernehmen? Mit Erstaunen beobachte ich, daß in diesem *New Age* Menschen auf außerirdische Hilfe warten, um die Erde und ihre Bewohner auf magische Weise zu heilen.

Als Erwachsene ist es unsere Aufgabe, mit dem, was wir schaffen zu leben, und wenn wir nicht damit einverstanden sind, müssen wir es ändern. Ich glaube nicht, daß wir auf jemanden »größeren und weiseren« warten sollten, der uns mit einem Wunder aus der Patsche hilft. Für mich bedeutet »das jüngste Gericht«, das »christliche Bewußtsein« der Liebe und des Mitgefühls wiederzuentdecken und dadurch das nötige Wissen zu unserer Heilung zu erlangen. Wir müssen uns selbst erkennen, erwachsen werden, uns ausdrücken und die Kraft finden, Krankheiten, Umweltverschmutzung und Zerstörung in Sinnhaftigkeit, Anteilnahme und Mitgefühl für uns und unsere Mitmenschen umzuwandeln.

Selbsterkenntnis ist dazu der erste Schritt. Das bedeutet auch, ehrlich zu sich zu sein, ohne zu urteilen. In allen Strömungen des *New Age* taucht immer wieder das Konzept der bedingungslosen Liebe auf. Auch ich bin der Überzeugung, daß sich die Menschheit irgendwann bedingungslos lieben wird, aber was ist im Augenblick? Als Spezies besitzen wir ein starkes Ich. Das brauchen wir auch, um die bedrohlichen Einflüsse und den Mißbrauch um uns herum zu überleben. Leider hat unser Ego genau diese Belastungen selbst erst geschaffen. Und doch müssen wir es erkennen, akzeptieren und lernen, das Ego mit unserem Geist auszugleichen, damit es nicht die Welt regiert. Auch wenn bedingungslose Liebe im Moment noch ein Traum ist, können wir doch Mitgefühl für uns selbst empfinden. Dennoch ist es nicht möglich, unser Verhalten länger zu ignorieren. Wir sollten es so genau wie möglich beobachten und dann überlegen, wie wir zerstörerisches Verhalten ändern können. Wer sich selbst erkennen kann, kommt weiter, wohingegen Menschen, die diese Fähigkeit nicht haben, einer Selbsttäuschung erliegen und stehenbleiben.

Manches von dem, was ich in diesem Kapitel schreibe, könnte zu Widerspruch reizen, doch ich gehe das Risiko ein, meine Meinung mitzuteilen und vielleicht mißverstanden zu werden. Ich will absichtlich herausfordern. Ich wünsche mir, daß jeder auf emotionaler, körperlicher und geistiger Ebene wächst. Was ich sage, gilt auch für mich selbst, und als selbstverantwortlicher Mensch kann jeder meine Aussagen nach Belieben annehmen oder ablehnen.

In meiner schamanischen Arbeit sehe ich zwei Fallgruben in meiner Arbeit in Workshops und mit einzelnen Klienten. Menschen, die in ihrem Integrationsprozeß sehr viel »eigene Arbeit«, sei es mit schamanischen Seelenrückführungen, mit Hypnose oder anderen psychologischen Mitteln geleistet haben, können sich leicht verzetteln. In »*Auf der Suche nach der verlorenen Seele*« ermutigte ich meine Leser, zu ihren rückgekehrten Seelenteilen zu reisen und deren Bedürfnisse kennenzulernen. Obwohl diese Reise nicht ein einmaliges Ereignis sein muß, sollte sie keinesfalls zur Lebensaufgabe werden. Einmal stellte sich mir eine Frau mit den Worten vor: »Mein erwachsener Teil freut sich sehr, Sie kennenzulernen, meine Dreizehnjährige hat Angst und bitte entschuldigen Sie meine Fünfjährige – sie ist unglaublich schüchtern.«

Das Ziel der Genesungsarbeit heißt Ganzheit, nicht Zerstückelung. Natürlich soll jeder seine verschiedenen Seiten kennenlernen, aber dabei bleiben wir doch wir selbst – ein Mensch, der mit all diesen verschiedenen Teilen umgeben ist und sich um die Ängstlichen und Scheuen kümmern kann. Kreativität bedeutet, eins zu sein – Körper, Geist und Seele – und ein Ziel zu haben: so gesund wie möglich zu leben.

Ich bin mir sicher, die meisten kennen sich selbst. Wir müssen uns ehrlich fragen, ob wir wirklich noch Zeit brauchen, um eins zu werden. Oder ist es vielleicht an der Zeit, zu erkennen, daß unsere Teile »zu Hause« sind und wieder zusammengehören? Niemand außer uns selbst kann entscheiden, wie weit der einzelne schon gekommen ist, also ist es wichtig, bewußt darüber nachzudenken und sich klar darüber zu werden, wer wir sind und welche Bedürfnisse wir haben.

Die zweite Falle in der spirituellen Arbeit ist zu erkennen, ob unsere Erkenntnisse vom Ego oder aus spiritueller Führung entstehen. Um Grenzen zu setzen und für ein Leben nach der Heilung ist es notwendig, daß wir diesen Unterschied verstehen. Wenn ich selbst keine klaren Grenzen habe, fällt es mir möglicherweise schwer, klar zu erkennen, was Teil meines Egos ist und wo spirituelle Führung beginnt. Ich bin der festen Überzeugung: Wenn wir erfolgreich einem geistigen Weg folgen wollen, müssen wir die Wünsche unseres Egos in den Hintergrund stellen, um in der Tiefe den geistigen Beistand wahrzunehmen.

Gelegentlich treffe ich Menschen, die sich hinter den Geistern verstecken, um ihre Bedürfnisse auszudrücken. Es gibt jedoch einen Unterschied zwischen eigenen Wünschen und denen, die von unseren hilfreichen Geistern kommen. Wer sich auf einem spirituellen Weg befindet, findet es wichtig, unterscheiden zu können. Wenn jemand in einer Gruppe sagt: »Mein Geist meint ...« und damit anderen die Möglichkeit nimmt, über ihre Erfahrungen zu berichten, hinterfrage ich, woher seine Information kommt. Bei der Aussage: »Der Geist hat beschlossen ...«, frage ich genauso nach, woher die Entscheidung tatsächlich kommt. Soweit ich aus der Tradition weiß, übt der Geist keine Kontrolle aus, er befiehlt nicht und ist unabhängig. Er zeigt uns unsere Möglichkeiten, und wir treffen dann unsere Wahl. Er geht auf die Erfahrungen eines jeden von uns ein.

Um sich selbst zu kennen, ist es wichtig, sich über seine Wünsche und Bedürfnisse im Klaren zu sein. Es zeugt nicht von Integrität, sich hinter einem geistigen Wesen zu verstecken, um sich auszudrücken. Es braucht Mut und Bereitschaft, die eigenen Wünsche zu äußern und nicht jeder, dem wir begegnen, kann unsere Wünsche immer befriedigen. Diese Ehrlichkeit gegenüber sich selbst erfordert viel Charakterstärke und Kraft.

Vor vielen Jahren, als ich ganztags als schamanische Beraterin tätig war, beschloß ich, in meiner Praxis einen Selbstversuch durchzuführen, um meine Fähigkeiten als Therapeutin bestmöglich zu steigern. Nachdem ich die Probleme meines Klienten angehört hatte, begab ich mich für ihn oder sie auf eine Reise. Meine Erfahrungen teilte ich dann auf zweierlei Weise mit. Zum einen erklärte ich: »Dies ist meine persönliche Meinung in bezug auf die Schwierigkeiten«, und »das ist der spirituelle Rat, den ich erhielt.« Ich analysierte meine Ergebnisse. Es gab einen Qualitätsunterschied zwischen meiner Meinung und den Informationen aus der nicht alltäglichen Welt. Durch die Übungen konnte ich erkennen, wer sprach. Das Wissen, welches ich erhielt, war immer hilfreicher als jenes, welches ich durch eigenes Nachdenken erlangte. Dies zu erkennen war für mich – obwohl es mir manchmal schwerfiel – eine wichtige Erfahrung, und ich habe ein Gefühl für mich selbst und den Unterschied zwischen meinem Ego und wirklicher geistiger Anleitung entwickelt. Meine eigenen Ansichten drängen sich nicht mehr in die Beratungsarbeit, weil ich gelernt habe, sie zu erkennen. Mittlerweile weiß ich auch, wie ich am besten spirituelle Hilfe erlange und welche Fragen zu den bestmöglichen Antworten führen. Als Erwachsene bin ich für gewisse Entscheidungen in meinem Leben verantwortlich. Zum Beispiel funktioniert bei mir eine Frage nach dem Muster: »Soll ich mit diesem oder jenen eine Beziehung eingehen?«, nicht. Durch die Art der Frage gebe ich meine kreative Kraft aus der Hand. Mehr Erfolg habe ich mit einer Formulierung wie: »Was kann ich aus der Beziehung mit diesem Menschen lernen?« Hierdurch erlange ich Antworten, die sich mit den positiven und negativen Aspekten meiner Entscheidung befassen. Wofür ich mich dann letztendlich entscheide, liegt bei mir. Eine andere Frageweise wäre: »Ist diese Entscheidung, die ich treffen möchte, lebensbejahend oder bringt sie mich in neue Schwierigkeiten?« Auf diese Weise kann ich in meinen Beziehungen auf die Ratschläge der Geister hören, ohne meine Kraft abzugeben.

In einem Leben nach der Heilung ist es wichtig, zwischen Antworten von außen und von innen zu unterscheiden. Und genauso wichtig ist es zu wissen, ob sich die Entscheidungen zum Wohle aller auswirken oder zu mehr Drama im eigenen Leben führen, denn es geht um viel. Mit Disziplin in der spirituellen Arbeit, mit Übung und mit brutaler Ehrlichkeit kommen wir aber weiter. Wenn wir unsere Bedürfnisse und Wünsche kennen, behindern sie uns nicht in unserer Arbeit. Es ist wichtig, dabei auf die Gesundheit zu achten, damit der Geist ungehindert seiner spirituellen Arbeit nachgehen kann. Bringen Sie die Wünsche und Träume aus der nichtalltäglichen in die alltägliche Welt.

Selbsterkenntnis führt zu mehr Ehrlichkeit uns selbst und anderen gegenüber. Dies bekommt noch mehr Bedeutung, wenn wir unsere Seelen wieder in uns aufnehmen, ist aber auch für unsere Kreativität von Bedeutung, denn wir wollen uns auch unbewußt wünschen, was wir in unserem Bewußtsein auswählen. Sonst wird, je mehr Übung wir im Umgang mit unserer Schöpfungskraft bekommen, das, was wir in unserem Innersten wollen, anstelle der Ratschläge der Geister in unsere Gedanken einziehen. Wir alle müssen an einen Punkt kommen, an dem wir als verantwortungsvolle Erwachsene unterscheiden können, was in einer bestimmten Situation angemessen oder fehl am Platz ist.

WIE ERLANGE ICH INFORMATIONEN?

Eine Möglichkeit, den erfolgreichen Umgang mit spiritueller Energie zu erlernen ist, sich darüber klar zu werden, wie ich persönliche Informationen aufnehme. In einer der Übungen am Ende von Kapitel 2 machte ich Vorschläge für ein Training der Wahrnehmung. Aber wir empfangen Eindrücke auch über andere Sinne, die wir nicht fassen können. Wie stark diese jeweils ausgeprägt sind, ist von Mensch zu Mensch verschieden.

Es erstaunte mich in den vergangenen zehn Jahren, in denen ich schamanische Reisen unterrichtete, immer wieder, daß Menschen, deren Sinne für ihre Umwelt sehr aufnahmebereit waren, nicht auch unbedingt die beste Wahrnehmung für Botschaften aus der nichtalltäglichen Welt hatten. Zum Beispiel kann ich in der alltäglichen Welt nicht gut über das Gehör lernen, sondern muß den Stoff vor mir sehen. Aber sowohl in der Anderswelt als auch in meinen Träumen ist mein Gehör der schärfste Sinn. Die wichtigsten Botschaften und Anweisungen nehme ich über meine Ohren auf und das Gesehene ist dem untergeordnet. In den Reisen, die ich für mich selbst unternehme, steht das Gehörte deutlich an erster Stelle. Anders verhält es sich, wenn ich für Klienten reise, da die meisten Menschen stärker über die Augen wahrnehmen.

Am schwierigsten ist für mich, mit Künstlern zu arbeiten. Im Alltag verfügen diese Menschen über eine große visuelle Vorstellungskraft, aber in ihren schamanischen Reisen können sie wenig sehen. Wenn ich sie jedoch dazu bringen kann, auch ihre anderen Sinne einzusetzen, machen sie außergewöhnliche Erfahrungen. Kommen sie dann zurück, beschreiben sie ihre Erlebnisse allerdings wieder bildlich, auch wenn sie die Reise vielleicht »gefühlt« haben.

In unserer Kultur sind wir so sehr auf visuelle Eindrücke fixiert, daß wir dazu neigen, Informationen, die wir über andere Sinne erlangt haben, abzulehnen. Mich betrübt dies, denn ich bin der Ansicht, daß unser Sehen nicht die bestentwickelte Fähigkeit ist. Ich glaube, daß sich die Erde unmittelbar mit uns verständigt und das Sehen nicht die einzige Wahrnehmungsmöglichkeit darstellt. Eine der Herausforderungen in meinen Workshops ist, meinen Schülern beizubringen, ihre Art des Verstehens anzuerkennen und sie nicht mit den Möglichkeiten anderer Menschen zu vergleichen. Ich ermutige sie, ihre Eindrücke – egal welche spirituelle Methode sie nutzen, es muß nicht Schamanismus sein – mit allen Sinnen zu erfassen. Es ist ein Teil der Selbsterkenntnis, herauszufinden, in welcher Weise Wissen erfaßt wird.

Außer dem Verständnis, welche Sinne wir in der nichtalltäglichen und der alltäglichen Welt nutzen, gilt es noch weitere Aspekte zu bedenken. Wie können wir am besten lernen? Brauchen wir einen Lehrer aus der alltäglichen Welt oder lernen wir auf dem spirituellen Weg besser? Persönlich lerne ich am meisten durch meine schamanischen Reisen, in Träumen und durch Eingebungen. Andere Menschen nehmen Wissen am besten durch Bücher auf und indem sie Workshops besuchen. Jeder muß auf seine eigene Weise lernen. Es gibt auch hier kein besser und schlechter – es liegt einzig und alleine an uns zu entscheiden, was für uns richtig ist. Fällt es mir leichter zu meditieren, schamanische Reisen zu unternehmen oder zu träumen? Muß ich still sitzen oder regt Bewegung mich an? Brauche ich Stille oder diskutiere ich lieber? Ich persönlich erkenne am allermeisten, wenn ich meine Gedanken mitteilen oder aufschreiben kann. Dennoch kenne ich auch viele Menschen, die absolute Ruhe brauchen, um ihr Wissen zu vertiefen.

Diese Lernwege zu kennen ist wichtig, denn sie führen zu mehr Selbstverständnis. Indem wir uns selbst besser kennenlernen und über diese Fragen nachdenken, wird unsere Schöpfungskraft gesteigert und mit der Entdeckung der eigenen Stärken wächst unser Selbstvertrauen.

Ich möchte vor allem darum bitten, flexibel zu bleiben, während wir verschiedene Möglichkeiten ausprobieren. Wir alle ändern uns. Während wir geistig wachsen und unsere Kreativität ausbauen, kann es sein, daß wir feststellen, daß sich auch unsere Art der Wahrnehmung ändert. Manches bleibt gleich, anderes läßt sich nicht mehr anwenden.

Je mehr ich über mich, mein Ego und meine spirituellen Bedürfnisse lerne, desto leichter fällt es mir, meine Grenzen zu ziehen und in meiner Mitte zu bleiben, wenn mich Chaos und Schwierigkeiten umgeben. Da wir in einer Zeit der Veränderung, der Erweiterung und der Verwandlung leben, können wir leicht verstehen, daß sich auch unser Verhalten von Tag zu Tag und im Zusammensein mit unterschiedlichen Menschen ändert. Es ist wichtig, sich daran zu erinnern, wer wir sind und in unserer Mitte zu bleiben, damit wir uns immer angemessen verhalten. In dieser Zeit der Veränderungen gilt es, zielorientiert, lebensfroh und in der eigenen Mitte zu bleiben.

MIT SCHWIERIGKEITEN UMGEHEN, WENN SIE ENTSTEHEN

Leben nach der Heilung bedeutet nicht, daß wir niemals wieder Probleme haben; Heilung ist ein lebenslanger Vorgang. Es gibt jedoch einen Punkt an dem wir unsere Energie von unserem Heilungsprozeß weg, in eine andere Richtung lenken müssen, damit wir weiterkommen. Auch wenn wir unsere Energie darauf verwenden, unsere Kreativität auszubauen, gibt es immer eine Möglichkeit, weiterhin an uns zu arbeiten.

Kürzlich kam in einem Workshop, den ich leitete, ein wunderbarer Mann auf mich zu und fragte, ob er mir persönliche Fragen stellen dürfte. Ich bat ihn zu fragen und er wollte wissen, wie ich mich selbst heile. Er hatte bereits viele meiner Gruppen besucht und wußte, wie wichtig mir Hilfe von außen ist. Trotzdem hatte ich den Eindruck, daß er auf etwas anderes hinaus wollte.

Von einem Leben nach der Heilung ausgehend, gibt es für meine eigene Heilung keinen bestimmten Ablauf: es gibt verschiedene Möglichkeiten für ein kleineres Problem, für das ich keine Hilfe von außen brauche. Am liebsten bitte ich jede Nacht um einen Traum. Ich habe mich nie ernsthaft mit Träumen beschäftigt, trotzdem habe ich festgestellt, daß man aus ihnen eine Menge lernen kann. Schon oft habe ich in meinen Träumen Hilfe erhalten und auch andere haben mir oft gesagt, daß sie während ihrer Träume von mir geheilt wurden.

Vor rund zehn Jahren befand ich mich in einer körperlichen Krise. Damals lebte ich in San Francisco, wo die medizinische Versorgung ausgezeichnet ist. Die Ärzte teilten mir mit, daß meine Krankheit unheilbar sei und ich mit den Schmerzen leben müsse. Bekannte unternahmen für mich schamanische Reisen, doch es half ebenso wenig, wie Sitzungen mit Medien. Ich versuchte es mit jeder Heilungsmethode, von der ich hörte, denn ich konnte ein Leben mit Schmerzen nicht akzeptieren.

Monatelang betete ich jede Nacht vor dem Einschlafen um Hilfe durch einen Traum. Eines Nachts war es dann soweit: Ich träumte, ich befände mich im Wohnzimmer meines Hauses. Plötzlich tauchte hinter meinem Sofa ein junger Indianer in Jeans und einem blauen Arbeitshemd auf. In der Hand hielt er eine Rassel, die aus einem außergewöhnlichen Stück Leder von einem durchscheinenden Blau hergestellt war. Sie war blau wie die Schale meines Schutzeis. Er sagte mir, daß er immer hier lebe und ich es nur noch nicht bemerkt hatte. Mit seinem Finger zeige er genau auf die Stelle, an der ich am meisten Schmerzen hatte, und sagte: »Hier sitzt dein Problem.« Dann fing er an, seine Rassel über dem Körperteil zu schütteln, und in dem Moment konnte ich spüren, wie die Schmerzen verschwanden. In meinem Traum erkannte ich, daß ich für immer geheilt wurde. Dann verschwand der Mann. Tatsächlich wachte ich schmerzfrei auf und hatte die Krankheit seitdem nie wieder. Man kann nun entweder sagen, daß ich mich selbst geheilt habe oder daß es ein Geist war, der mir zur Hilfe kam. Aber darüber denke ich nicht nach. Für mich steht fest, daß der Traum Erfolg hatte, und dafür bin ich – wem auch immer – dankbar.

Seit diesem Tag bitte ich meine Träume um Beistand. Es klappt nicht immer beim ersten Versuch, aber wenn ich nicht aufgebe, habe ich Erfolg. Dabei nutze ich meine Träume, um psychische und physische Unterstützung zu erhalten, oder wenn mich etwas sehr beunruhigt. Zu Beginn sind dann meine Träume oft sehr verworren, da mein Unterbewußtsein und auch die helfenden Geister verschiedene Aspekte des Problems betrachten, aber dann wird alles klarer. Ich interpretiere meine Träume nicht, denn dabei hätte ich das Gefühl, wieder in die Vergangenheit zurückzugleiten. Statt dessen nehme ich sie wörtlich und bitte um Informationen, die mir weiterhelfen können. Auf diese Weise gelingt es mir, bei meiner Arbeit nach vorne zu schauen.

Außerdem helfe ich mir, indem ich telepathisch meine helfenden Geister anrufe und sie um Beistand bitte. Dafür mache ich nicht immer eine formale schamanische Reise. Manchmal schicke ich einfach nur einen Hilferuf los, was oft zu erstaunlichen Ergebnissen führt. Diese beiden Möglichkeiten nutze ich sowohl für mich selbst als auch für Fernberatungen. Manchmal bitte ich um einen heilenden Traum für den Hilfesuchenden, anstatt ein schamanisches Ritual durchzuführen oder bitte die Geister um Unterstützung. Dabei achte ich aber immer darauf, daß der oder die Betroffene damit einverstanden ist, und unternehme nie etwas nur aus eigenem Antrieb. Ich kann mir keine größere Verletzung der psychischen Integrität vorstellen, als ohne Einverständnis jemanden heilen zu wollen. Auch ich würde das für mich ablehnen, egal ob es zu meinem Vorteil wäre oder nicht. Hier handelt es sich um die eigenen Grenzen und darum zu wissen, wer man ist. Wer sich seiner selbst sicher ist, weiß, wann er um Hilfe bitten muß oder ob er es alleine schafft. Ein Leben nach der Heilung bedeutet, Verantwortung für sich zu übernehmen, und auch, um alles Nötige dafür bitten zu können.

SEELENERINNERUNG

Als ich eines Tages eine Seelenrückführung mit einem Patienten durchführte und schon fast am Ende meiner Reise war, bereit, mit den Seelenteilen, die ich gefunden hatte, zurückzukehren, teilte mir mein Krafttier plötzlich mit, daß ich einen Teil vergessen hatte. Er führte mich zu dem Teil, der die Stärke und Begabung meines Klienten enthielt. Auch diesen Teil sollte ich mitnehmen. Ich fragte warum.

»Paul hat diesen Teil nicht durch ein Trauma verloren, oder?«

»Nein.«

»Wie soll ich ihn dann zurückbringen? Wie kann ich etwas finden, was niemals verloren wurde?«

Mein Krafttier schaute mich mit diesem besonderen Blick an, den er immer dann hat, wenn es mir etwas beibringen will. »Paul hat diesen Teil nicht verloren, sondern vergessen. Für seinen Heilungsprozeß ist er wichtig. Ich möchte, daß du in die Zeit zurückgehst, als dieser Teil noch nicht verloren war, damals, als Paul noch seine Begabungen und Fähigkeiten hatte. Bring sie mit den anderen Teilen zurück und gib sie ihm.«

Ich reiste so weit zurück, wie es mir möglich war – bis zu Pauls Geburt – und suchte nach dem Teil. Er enthielt nicht nur die Schönheit, mit der Paul geboren worden war, sondern außerdem noch den unendlichen Glanz, den er im Moment zur Bewältigung seiner psychischen Erkrankung dringend nötig hatte. Ich fand eine große Kugel aus goldenem Licht und fragte mein Krafttier, ob dies der gesuchte Gegenstand sei. »Ja«, antwortete es, und an diesem Punkt verließ ich die nicht alltägliche Wirklichkeit und kehrte zurück. Gemäß den Anleitungen meines Krafttieres blies ich Paul alle Teile ein.

Auf einer späteren Reise erklärte mir mein Krafttier, daß dies nichts mit Seelenrückführung zu tun hatte, da der Teil nicht verloren, sondern nur vergessen worden war, deshalb nenne ich den Vorgang »Seelenerinnerung«.

Dieser Vorgang ist nicht automatisch ein Bestandteil meiner Arbeit, wenn ich für Klienten ihre Seelenanteile zurückhole, sondern ich warte jeweils, bis mich mein Krafttier dazu auffordert. Dies geschieht in ungefähr 10 Prozent aller Fälle. Zweimal brachte ich dabei die vergessenen Teile in Form eines Pentagramms zurück, und die beiden betroffenen Frauen erzählten mir hinterher, daß sie in ihren Wohnungen viele fünfzackige Sterne hatten.

Die Klienten, mit denen ich sprach, maßen dem Symbol des vergessenen Teils eine große Bedeutung bei. Es half ihnen, an ihre Stärke zu denken, die ihnen jederzeit zur Verfügung stand. Gleichzeitig teilt mir mein Krafttier auch mit, was ich bei Rückgabe der Kraft oder der Begabung sagen soll. Zum Beispiel finde ich heraus, daß die Stärke eines Menschen in seiner Beständigkeit und Zentriertheit besteht und durch einen Baum ausgedrückt wird. Oder er hat die Gabe zu lieben und besitzt Leidenschaft; das Symbol ist ein Herz. Es ist gut, sowohl Bilder als auch Worte mitzubringen, denn auf diese Weise kann die wiedergefundene Kraft ständig ins Bewußtsein zurückgerufen oder bildlich dargestellt werden, damit der Betreffende immer daran denkt.

In einer meiner Gruppen, in denen ich diesen Vorgang unterrichtete, kam es zu interessanten Übereinstimmungen. In der von mir gestellten Aufgabe sollte sich der schamanische Heiler jemanden aussuchen, um die Seelenerinnerung durchzuführen und nach der Reise ein farbiges Symbol für seinen Partner entwerfen. Am Ende der Übung erzählte eine Frau, daß sie einen beträchtlichen Teil der Woche mit zwei anderen Teilnehmern verbracht hatte. Sie fühlte zu beiden eine starke Verbindung, und die Teilnehmerin spürte, daß sie alle drei ähnliche Energien besaßen. Als die drei mir dann die Bilder ihrer Seelenteile zeigten, waren die Zeichnungen fast identisch. Während des Kurses hatten sich ihre Seelen in der Gegenwart der anderen gespiegelt und sich angezogen.

Ich möchte einige der Erfahrungen hier wiedergeben. Christina, eine Workshopleiterin, schreibt dazu:

Susan holte den Kern meiner Seele zurück, wodurch ich eine tiefere und klarere Verbindung zu meinen Seelen-Zielen bekam. Die Verbindung zeigt sich auf eine Weise in meinen Augen, die für andere sichtbar ist. Das wurde mir klar, als ich nach dem Kurs darauf angesprochen wurde. Mein Partner, der sehr ärgerlich war, als ich zurückkehrte, sagte, daß er trotz seiner Wut etwas Weiches an mir entdeckt hatte, das er zuvor nur bei Menschen gesehen hatte, die eine Tiefe und Einheit mit sich selbst verspürten. Diese Zartheit ermöglichte es ihm, durch seinen Ärger, den er seit Wochen mit sich herumtrug, hindurchzugehen. Nachdem ich den Kern meiner Seele wieder hatte, leitete ich einen Kurs, den ich selbst zusammengestellt hatte und dessen Inhalte nicht auf den Erkenntnissen anderer beruhten. Ich war erfolgreicher, als ich es mir jemals erträumt hatte.

DCB schreibt dazu:

Bei der letzten Zeremonie, als wir Symbole für die Seelen finden sollten, bevor diese durch Traumata verletzt worden waren, reisten wir für einen Heiler. Die Krafttiere führten mich in die Obere Welt. Dort fanden wir ein riesiges, violett eingefärbtes Auge, umgeben von Blumen und Tieren, die darauf zugingen – genau gesagt, einem kleinen Hasen. Als ich zurückkehrte, war es mir peinlich, dieses kitschige Bild zu beschreiben, und ich sagte ihm (dem Klienten), daß sein Geschenk an die Menschheit vielleicht sei, sie in seiner Gegenwart aufblühen zu lassen. Ich erzählte ihm von dem Auge und er fragte nach der Farbe. Als ich ihm das Lila beschrieb, erinnerte er sich, daß er dieses Auge bereits viele Male zuvor in seinen eigenen Meditationen gesehen hatte. Er wußte, daß es sich dabei um seine Wahrheit und seinen Lebensweg handelte, dem er folgen mußte.

Dieser Mann sah mich dann als siebenzackigen Stern mit wirbelnder orange-rosa Energie und mit den Zeichen Yin und Yang oben und unten. Das entspricht meinen Zeichnungen, und ich habe selbst ein ähnliches Bild. In meinem Leben habe ich mich immer um Ausgeglichenheit bemüht – nicht gerade mit Erfolg, aber ständig mit neuen Zielen vor Augen.

Pirrko machte eine Reise zur Seelenerinnung ihres Partners als lebendige visuelle Erfahrung:

Mein Krafttier und ich reisten in eine große freie Fläche, wo ich das Wesentliche der Seele meines Partners fand – eine wunderbare, leuchtende, lebendige blaßlila Blume, die ein wenig nach Lotus und Orchidee aussah. Die Blätter waren fleischig und jedes Blatt besaß ein eigenes Leben. Langsam segelte sie durch den Raum wie ein prachtvoller tropischer Fisch. Die Blätter waren durchsichtig und schimmerten in Fliederfarben, Rosa, Lila, während die Blume Licht ausstrahlte. Als ich die Blume in meine Hände nahm und fühlte, wie sie lebte, wußte ich, daß ich sie vorsichtig behandeln mußte.

Für mich beinhaltet das den Sinn der Seelenerinnerung – das Reisen in neue Dimensionen der Erinnerungen, zu erleben wer wir sind, welche Talente wir haben und was der Sinn unseres Lebens ist. Dabei lerne ich zu verstehen, daß unser Lebensweg aus den Möglichkeiten besteht, die sich uns bieten, und daß unser augenblicklicher Pfad nur einer von vielen ist, derjenige, der uns bis hierher gebracht hat.

DER VERLETZTE HEILER

Der *verletzte Heiler* ist ein häufig verwendeter schamanischer Begriff, der jemanden beschreibt, der auf den Weg des Heilens gerufen wurde. In traditionellen schamanischen Gesellschaften hat der verletzte Heiler eine Zeit hinter sich gebracht, in der er dem Tode nahe war, eine Geisteskrankheit oder eine lebensbedrohliche Erkrankung durchgemacht hat. Wer eine solche Erfahrung hinter sich gebracht hat und wieder ins normale Leben zurückkehrt, weiß, wohin er reisen muß, um andere zu heilen.

Ich glaube, daß wir alle, die das Erwachsenenalter erreicht haben, in gewisser Weise verwundete Heiler sind. Wir haben eine Vielzahl emotioneller und körperlicher Schmerzen durchlitten, die uns den Leiden anderer zugänglicher machen. Durch Schmerzen erfahren wir Mitgefühl. Deswegen kann ich nicht nachvollziehen, wie jemand ohne Mitgefühl heilend arbeiten kann – sei es mit Einzelpersonen, Gruppen, Freunden oder Familie. Heilung ist nur über Mitgefühl zu sich selbst und zu anderen möglich.

Im Leben nach der Genesung müssen wir uns immer an unseren Ausgangspunkt zurückerinnern. Diejenigen, die den Mut haben, nach vorne zu schauen, können auch anderen helfen, solange sie selbst im täglichen Leben wahres Mitgefühl für ihre Mitmenschen aufbringen. Es wird Zeiten geben, in denen wir durch diejenigen herausgefordert werden, die ihr Mitgefühl vergessen haben. Es ist der Schlüssel, um uns selbst und die Erde zu heilen und um eine positive Zukunft zu schaffen.

Veränderung ist ein Teil des Lebens. Wir leben in einer Zeit beständiger Wandlungen.

Es ist wichtig, unsere Grenzen, unsere Glaubensgrundsätze und unsere ethischen Überzeugungen zu kennen.

Als Einzelwesen haben wir die Möglichkeit, unsere zerstörerischen Pläne in positive Energie umzuwandeln. Dies kann niemand anders für uns machen. Wir selbst tragen die Verantwortung für die Zukunft.

Wenn wir einen spirituellen Weg einschlagen, ist es wichtig, daß wir klare Grenzen ziehen können. Sie befähigen uns, zwischen den Wünschen unseres Egos und den Ratschlägen helfender Geister zu unterscheiden.

Wir müssen uns selbst als Einheit begreifen, damit wir in unserem Leben weiterkommen und unsere kreativen Möglichkeiten ausschöpfen. Wir dürfen uns nicht länger als lauter verletzte Einzelteile wahrnehmen, sondern müssen erwachsen werden und andere Fähigkeiten und Stärken als die in der Vergangenheit entwickeln.

Um uns selbst zu kennen, ist es wichtig, daß wir uns anerkennen und wissen, wie wir Informationen verarbeiten. Wie lernen wir am besten? Welche Sinne nutzen wir? Brauchen wir Stille oder Austausch? Lernen wir besser von Lehrern in der alltäglichen oder in der nichtalltäglichen Welt? Brauchen wir Bewegung oder sitzen wir lieber still?

In unserem Heilungsprozeß müssen wir uns Beweglichkeit erhalten, um uns weiterhin zu erlauben, zu wachsen und uns zu verändern.

Es gehört zu den Aufgaben auf unserem spirituellen Weg, zu wissen, welche Art geistiger Führung wir benötigen und wann wir selbst Verantwortung übernehmen und Stärke zeigen zu müssen.

In unseren Träumen können wir Heilung finden oder auch um Rat und Hilfe bitten.

Wir alle kamen mit unterschiedlichen Talenten und Stärken auf diese Welt. Erinnern wir uns, wer wir sind, und erkennen es an.

Unsere eigenen seelischen oder körperlichen Leiden machen uns zu verwundeten Heilern und schenken uns Mitgefühl.

Angie Arrien, eine schamanische Lehrerin, zitiert ein baskisches Sprichwort, wenn sie sagt: »Wir sind alles kleine Sterne auf einem riesiggroßen Stern.«

Der Schlüssel zur Heilung und der Schaffung einer glücklicheren Zukunft heißt Mitgefühl.

ÜBUNGEN

1. Da Selbsterkenntnis eine wichtige Voraussetzung ist, um Grenzen zu ziehen und kreativ zu sein, lohnt es sich, hiermit zu beginnen. Wir können uns z. B. als Pflanze sehen. Damit wir weiterhin wachsen können, müssen wir unsere Bedürfnisse kennenlernen. Welche Wünsche haben wir? Am besten ist es, die eigenen Gedanken niederzuschreiben, in einem Gedicht oder einem Lied, eine Zeichnung anzufertigen oder einen Gegenstand herzustellen, der ausdrückt, was wir uns wünschen.

2. Es ist wichtig zu verstehen, welche qualitativen Unterschiede es zwischen den Bedürfnissen des Egos und den Ratschlägen der Geister gibt. Auch hier bietet es sich an, etwas aufzuschreiben.
3. In diesem Kapitel habe ich von verschiedenen Möglichkeiten des Lernens gesprochen. Wie lerne ich also am besten?
Welche Sinne nutze ich in der alltäglichen Wirklichkeit?
Wie kann ich Botschaften aus der nichtalltäglichen Welt am besten empfangen?
Lerne ich am besten von anderen?
Lerne ich durch eigene Erfahrungen?
Bin ich lieber in Bewegung oder ganz ruhig?
Ziehe ich Stille vor oder brauche ich Gespräche?
4. Wer sich gerade mit einem bestimmten seelischen oder körperlichen Thema beschäftigt, kann vor dem Einschlafen um einen heilenden Traum bitten, oder in der Geistwelt nach Hilfe fragen.
5. Ich überlege mir meine Gaben und Stärken. Dann male oder zeichne ich ein Symbol auf, daß ich in meiner Wohnung aufhängen kann und das mich daran erinnert, wer ich bin.

KAPITEL 7

DIE SEELE ZURÜCKBRINGEN

Sobald wir entscheidende Fortschritte in unserer Genesung erreicht haben, ist es an der Zeit, daß wir unsere Aufmerksamkeit der Welt im Ganzen zuwenden. Marah, ein Arzt, der mit mir zusammengearbeitet hatte, sagte: »Es ist schwer, über ein Leben nach der Heilung zu schreiben, da die Genesung immer weitergeht. Sowohl als Arzt, als auch als ›Patient‹ scheint es mir aber, als ob sich meine Wahrnehmung immer mehr von mir weg auf andere Dinge richtet, je mehr ich wieder eins mit mir werde. Es ist wie bei einer Waage: immer, wenn ich eine Entwicklung abschließe, öffnen sich neue Möglichkeiten und ergeben sich neue Herausforderungen, und die Genesung geht auf einer anderen Ebene weiter.«

Wenn wir wieder eins mit uns selbst werden, fangen wir an, auch die Welt um uns herum wahrzunehmen. Nun ist es Zeit, damit zu beginnen, unseren Lebensraum in einer lebensbejahenden Weise zu verändern. Durch Schamanismus und andere spirituelle Lehren wissen wir, daß alles Leben heilig ist und Achtung verdient.

Wenn wir uns jedoch in der Geschäftswelt umsehen, folgen wir einer anderen Ideologie: Geld ist wichtiger als Leben. Die Menschen sind überarbeitet und werden ausgebeutet – nur um höhere Profite zu machen. Alles Leben auf diesem Planeten, sowie die Erde selbst, leidet, weil Geld wichtiger ist als Moral. Es zählt nicht, was richtig ist. Die Wirtschaft orientiert sich an Kosten und Gewinn.

Was die Wirtschaft bisher noch nicht verstanden hat ist, daß die Kosten dieser Zerstörung die Gewinne bei weitem übertreffen. Jeder, der sich in einem seelenlosen Unternehmen engagiert, zahlt dafür einen hohen Preis. Es wird weh tun, zuzugeben, Anteil an der

Zerstörung der Regenwälder oder der Ausrottung ganzer Tierarten zu haben – und damit Geld zu verdienen, das weder Glück noch Zufriedenheit gebracht hat.

Ich hörte, wie der Vizepräsident einer großen Firma sagte: »Das Ziel eines Unternehmens ist der Gewinn.« Warum kann es nicht das Ziel sein, eine Dienstleistung herzustellen? Geld muß an Bedeutung verlieren, und Kreativität und die täglichen Bedürfnisse des Lebens müssen wieder im Mittelpunkt stehen. Geld ist Austausch von Energie. Bietet ein Unternehmen wirklich eine Dienstleistung an, wird es dafür eine Gegenleistung erhalten. Geld sollte nicht das Ziel sein. Jeder kann sehen, was für ein Chaos dadurch entstanden ist.

Manche Anbieter gewinnen ihre Kundschaft, indem sie ihr Angst einjagen, und sie dadurch von den angebotenen Leistungen abhängig machen. Aber wenn wirklicher Bedarf besteht, gibt es keinen Grund, mit Einschüchterung zu arbeiten. Wenn wir uns mit dem Leben nach der Heilung befassen, interessieren uns besonders die »Gewinn-Gewinn-Situationen«, denn wir wissen, daß wir sie uns selbst schaffen können.

Betrachten wir die Jahre 1993 und 1994 aus astrologischer Sicht, sehen wir, daß Neptun und Uranus zusammengehen, was vor 170 Jahren zum letzten Mal der Fall war. Die Astrologen sind sich in ihrer Interpretation, wie dies unsere Erde beeinflussen wird, nicht einig. Vor einigen Jahren hörte ich die Aufnahme einer Vorlesung des Astrologen Rupert Myers, der feststellte, daß die damalige Konjunktion mit dem Beginn der industriellen Revolution zusammenfiel. Er sagte, daß wir seither unsere Geschäfte seelenlos führen, und nun weitere 170 Jahre vor uns haben, um dies zu ändern. Das wird allerdings nicht von heute auf morgen passieren. Darin stimme ich ihm zu, glaube jedoch, daß die Zeiten sich heutzutage schneller wandeln, und wir Veränderungen schneller herbeiführen können.

Meiner Überzeugung nach müssen wir unser Geschäftsgebaren ändern. Wir können es uns nicht länger leisten, Geld höher als Leben zu bewerten, sondern haben die Verpflichtung, an unsere Zukunft und die zukünftiger Generationen zu denken.

Das Problem ist bekannt. Welche positiven Überlegungen können uns veranlassen, vorteilhafte Wechsel zu vollziehen? Ich bin mir sicher: Wer eine wirklich gute Leistung anbietet, wird auch entsprechend entlohnt werden. Unser erstes Ziel sollte das Dienen sein, und nicht der Verdienst. Dieser Sinneswandel setzt großes Vertrauen voraus. Wir müssen an die natürlichen Vorgaben in ihrer weitesten Bedeutung glauben und auf den natürlichen Lebenskreislauf vertrauen, damit wir uns von den künstlich geschaffenen Gesetzen der Menschen entfernen können. Diese hindern uns daran, unseren Seelen auf ihren Reisen zu folgen. Es wird von uns täglich erwartet, unser Innerstes für Geld zu verkaufen.

Dieses Thema ist sehr vielschichtig, und die Änderungen werden nicht über Nacht stattfinden. Wie können wir während dieser Übergangsperiode unsere geistige Gesundheit erhalten? Welche Schritte bringen uns unserem Ziel näher, die Wirtschaft mit Integrität und Mitgefühl zu führen?

Eine wichtige Grundlage ist ein Partnerschaftskonzept und die Notwendigkeit, die Anzahl der beteiligten Menschen zu erhöhen. Partnerschaftsprogramme beziehen all diejenigen ein, die an der Entwicklung einer bestimmten Leistung arbeiten. Es gibt kleine, aufstrebende Unternehmen wie z. B. Southwest Airlines, Ben & Jerrys und Tom's of Maine, die bereits nach diesem Konzept arbeiten und alle Angestellten als gleichberechtigt sehen. Sie sind wirtschaftlich erfolgreich und sie arbeiten mit Mitgefühl und Integrität.

Wenn ich mit einem Klienten arbeite, der sich einer Operation unterziehen muß, gebe ich ihm einen Rat: »Achten Sie darauf, wenn Sie ins Krankenhaus gehen, daß die Ärzte nicht über Sie und Ihren Körper bestimmen. Sehen Sie sie als Partner, mit denen Sie zusammenarbeiten, um Ihren Körper heilen zu lassen. Ihr Arzt arbeitet mit Ihnen, um das zu erreichen.« In unserem Leben nach der Heilung können wir uns nicht in die Rolle eines Opfers begeben oder danach streben, Macht über uns oder andere zu gewinnen. Wir müssen endlich anfangen zu verstehen, daß wir alle gleichberechtigt sind, wenn es darum geht, ein neues Leben auf dieser Erde zu schaffen. Als Gemeinschaft müssen wir zusammenhalten und herausfinden, wodurch das Leben unserer Kinder verbessert werden kann.

Eine Möglichkeit, die Unternehmenswelt wieder menschlicher zu gestalten bietet sich, wenn wir mehr kreative Ideen in die Unternehmen und die angebotenen Leisutngen investieren. Hierbei können wir uns danach richten, inwieweit alle Bereiche auf eine Verbesserung der Lebensqualität ausgerichtet sind. Wir müssen zufriedenstellende Arbeitsplätze für all die Menschen schaffen, die an einer Leistung beteiligt sind. Darüber hinaus können wir noch einen Schritt weitergehen und Spiritualität in unseren Betrieben praktizieren.

Wie viele Menschen in der Geschäftswelt haben sich ausreichend mit sich selbst und ihren Wünschen befaßt? Würde Spiritualität also mißbraucht? Käme jemand auf die Idee, zu sagen: »Mein Geist hat mir empfohlen, den Preis unserer Waren zu erhöhen?«

Spirituelle Führung darf nicht zu Profitzwecken mißbraucht werden, sondern soll als Basis für ethisches Handeln dienen. Sie soll dazu führen, daß wir verstehen lernen, wie sich Entscheidungen auf die ganze Gemeinschaft auswirken und in welchen Zyklen wir leben. Sie sollte uns befähigen, für das allgemeine Wohl zu handeln – und nicht für Macht oder Gier herhalten. Wenn wir Spiritualität in unsere Unternehmen einbringen, ist es besonders wichtig, den Unterschied zwischen geistiger Beratung und dem Ego zu kennen. Am besten ist dies möglich, wenn wir Diensleistung als die spirituellste und natürlichste Arbeitsleistung betrachten. Meine Energie und meinen Blick auf ein finanzielles Ziel zu richten heißt, in Materialismus zurückzufallen. Wer bereits diese Erfahrung gemacht hat, dem empfehle ich, seine Unternehmensziele neu zu überdenken.

Ein wichtiger Punkt bei der Rückkehr der Seele in die Unternehmen ist, sich verantwortungsvoll zu verhalten und zu eigenen Handlungsweisen zu stehen. Unser Verhalten wird nicht von außen gelenkt. Als kreative und verantwortungsvolle Menschen sind wir für uns selbst und unsere Taten verantwortlich. Wir müssen gegenüber allen Lebensformen – inklusive der Erde – Rechenschaft ablegen.

Vor ungefähr zehn Jahren bekam ich in einem Traum eine Nachricht überbracht. Mir wurde gesagt, daß nicht nur jeder Mensch sein Krafttier hat, sondern daß es sie auch für Paare, Gemeinschaften und sogar ganze Länder gibt. Amerika hat z. B. als Wappentier den Adler, der Bär steht symbolisch für Rußland.

Im vergangenen Jahr arbeitete ich mit einer spirituellen Organisation, die ihre Vision aus den Augen verloren hatte. Ich holte das Krafttier der Gruppe zurück und brachte den Mitarbeitern schamanisches Reisen bei. Die Begegnungen mit ihrem Krafttier halfen ihnen, eine stärkere Gemeinschaft zu bilden, und auf diese Weise der Gemeinschaft besser zu dienen. Es war klar, daß die Mitglieder der Gruppe nicht aus Profitgier handelten, sondern ›aus dem Herzen‹. Sie hatten lediglich zeitweise ihr Ziel aus den Augen verloren und damit auch ihre Motivation. Sie brauchten Hilfe, um wieder ihren ursprünglichen Absichten folgen zu können. Schamanismus ist nur eine Form der Spiritualität und es gibt viele Möglichkeiten, sie Geschäftsleuten nahezubringen. Da ich mich mit schamanischen Reisen befasse, liegt es für mich nahe, diese für meine Visionen einzusetzen. Ich arbeite gerne schamanisch, denn hierdurch fühle ich mich der Erde, dem Kreislauf der Natur, und allen anderen Lebewesen verbunden. Dennoch wäre auch jede andere spirituelle Form geeignet, unsere Geschäftswelt wieder mit der Erde und einer natürlicheren Lebensweise in Kontakt zu bringen, weg von dem Bedürfnis, Macht über die Natur auszuüben. Hierzu ist es einzig nötig, daß alle Betroffenen auf ein gemeinsames Ziel hinarbeiten: Dienstleistungen anzubieten, die auf Integrität, Wahrheit und Mitgefühl beruhen. Wie bei persönlichen Heilungen empfehle ich, sich nicht in der Vergangenheit, ihren Wunden und Fehlern zu verlieren. Die Geschäftswelt muß ihre Irrtürmer erkennen und die Zukunft in dem Bewußtsein angehen, daß uns zahllose kreative Möglichkeiten offenstehen. Die Vergangenheit ist der Weg zu einem besseren Verständnis der Gegenwart. Es ist Zeit, nach vorne zu schauen.

Ich habe die Hoffnung, daß wir aus dieser Zeit mit dem Verständnis hervorgehen, daß materielle Dinge nicht so wichtig wie das Leben selbst sind. Alles Leben ist heilig. Ich hege außerdem die Hoffnung, daß wir erkennen, wie wichtig die Gemeinschaft mit anderen Menschen ist, und daß es zum Vorteil aller ist, den Reichtum an Fähigkeiten und unseren Überfluß miteinander zu teilen.

DIE HEILUNG UNSERER GESELLSCHAFT

Alles um uns herum ändert sich ständig. Besonders in unseren Gemeinden fällt uns dieser konstante Wandel auf. Veränderungen in der Wirtschaft, in Politik und im Weltgeschehen bringen zuletzt auch in unserer nächsten Umgebung Veränderungen mit sich. Nachbarn ziehen aus und ein: das Gleichgewicht zwischen verschiedenen ethnischen Gruppen verändert sich. Mehr und mehr Menschen aus anderen Ländern werden unsere Nachbarn.

Unser Bedürfnis nach einer guten und sicheren Zukunft verlangt von uns allen Zusammenarbeit. Wir können uns nicht länger von unseren Nachbarn abgrenzen, egal, ob sie nun neben uns leben oder in angrenzenden Ländern.

Wie können wir unseren Teil dazu beitragen? Wir müssen lernen, miteinander zu leben und zu arbeiten, und neue Nachbarn willkommen zu heißen. Wenn sie sich nicht akzeptiert und eingebunden fühlen, werden wir uns immer fremd bleiben. Ich kann mir eine Zukunft vorstellen, in der es Rituale geben wird, mit denen Zugezogene willkommen geheißen und in die Gemeinschaft aufgenommen werden. Respekt und Anerkennung auf beiden Seiten, und der Wille, sich gemeinsam zu engagieren wären das Ergebnis.

Für den Anfang könnte man sich zum Wechsel der Jahreszeiten treffen oder sogar regelmäßig einmal im Monat. Diejenigen, die am längsten im Ort wohnen, könnten die neuen Nachbarn begrüßen, und ihnen Geschichten über das Leben in dieser Gegend erzählen. Es gab in allen Orten, in denen ich wohnte, immer endlose Geschichten über außergewöhnliche Menschen und Besonderheiten der Gegend. Durch diese Erzählungen über die Nachbarschaft bekommen wir ein Gefühl für den Platz, an dem wir leben. Es ist wunderbar, wenn man spürt, wie man langsam dazugehört und ein Teil der Gemeinschaft wird. Es ist besser, nicht erst auf eine Katastrophe zu warten, um ein Gemeinschaftsgefühl zu entwickeln, sondern lieber ganz unabhängig ein Treffen auszumachen. Solche Kennenlern-Treffs zu organisieren ist nicht schwer, und gäben allen Beteiligten ein Gefühl der Verantwortung füreinander und miteinander. Ich glaube, es entstünde ein Gefühl der Zusammengehörigkeit.

Amy schreibt dazu:

Mit zunehmender Leidenschaft für mein Leben entwickle ich auch mehr Interesse für meine Nachbarschaft, meine Gemeinde und die Welt um mich herum. Je mehr ich mich um mein eigenes Wohlergehen kümmere, wächst auch das Engagement für meine Gemeinde, das Land und die Welt. Durch den Schamanismus habe ich eine tiefere Einsicht in unsere Bindungen zu allen Lebewesen gewonnen und Verantwortungsgefühl gegenüber gesellschaftlichen Verpflichtungen gelernt. Ich konzentriere mich auf meinen Platz in der Gemeinschaft und wie ich ihr dienen kann.

Obwohl ich bereits seit Jahren in der Nachbarschaft tätig bin, erstaunte mich, welche Bedeutung die Spiritualität bei der Veränderung sozialer Gegebenheiten hat.

Durch Reisen bitte ich die Geister des Landes um Visionen und Beistand in meinem Dienst für die Gemeinschaft. Eine wichtige Erkenntnis war für mich, daß die Anstrengungen unserer Nachbarschaftsgruppen oft zersplittert und unkoordiniert sind. Wir müssen lernen, unsere Energien zu bündeln, um gemeinsam etwas zu erreichen. Ich begann, mich mit Freunden, die in der Umweltbewegung tätig sind, über ihre Erfahrungen mit Nachbarschaftsprojekten zu unterhalten, und wollte herausfinden, wie wir alle unser Arbeitspensum mit der Hilfe der Geister besser bewältigen können. Durch diese Diskussionen entwickeln wir gemeinsame Kraft für uns und unsere Gemeinschaften.

Eine neue Herausforderung für westliche Kulturen ist das Verständnis, daß wir Teil einer Gesellschaft sind und uns auch dementsprechend verhalten müssen. Ein spiritueller Ansatz zur Übernahme sozialer Verantwortung und für Veränderungen bedarf einer neuen Denkweise. Ich hoffe, daß wir durch Reisen und Gespräche die Einheit und Seelen unserer Nachbarschaft wieder herstellen können.

DIE SEELE EINES ORTES ZURÜCKHOLEN

Schamanen glauben, daß, wenn ein Mensch ein Trauma durchlebt, ein Teil seiner Seele seinen Körper verläßt, um zu überleben. Dieser Vorgang wird als Seelenverlust bezeichnet, und es ist die Aufgabe des Schamanen, diesen verlorengegangenen Teil wiederzufinden und zurückzubringen.

Folgen wir dem Prinzip »Wie oben, so unten, wie innen, so außen«, müssen wir auch die Erde als Lebewesen bezeichnen. Wenn also der Erde etwas Schreckliches geschieht, verliert auch sie einen Teil ihrer Seele. Beispiele für Mißhandlung der Erde sind Bomben, Minenarbeit, Entsorgung toxischer Stoffe, Atomtests, Rodungen und der Einsatz von flächendeckendem Beton in unseren Städten. Die Seele der gesamten Erde wieder zurückzuholen, würde einen einzelnen schamanischen Heiler überfordern, aber wir können die Seele eines einzelnen Ortes, den wir besucht haben, zurückbringen.

Vielleicht kennt jeder bereits irgendein Stück Erde, bei dem er den Eindruck hat, daß es seine Seele verloren hat. Oder wir kennen einen bestimmten Ort, an dem gerade Feuer gewütet hat, Bürgerkriege stattfinden, sich Naturkatastrophen ereignen oder andere Unglücke geschehen. Da aber auch natürliche Ereignisse, die auf den ersten Blick zerstörerisch wirken, eine Region heilen können, ist es wichtig, vorher sicherzustellen, daß die Erde wirklich gelitten hat.

Was können wir tun, wenn wir spüren, daß die Seele eines Ortes durch ein Unglück verlorengegangen ist? Es wäre möglich, die Seele des Ortes zurückzuholen. Diese Methode der Seelenrückführung unterscheidet sich von der in meinem Buch *Auf der Suche nach der verlorenen Seele* beschriebenen. Eine Zeremonie zur Rückführung der abhanden gekommenen Lebenskraft kann hier sehr hilfreich sein.

Während wir in unserer eigenen Genesung weiter fortschreiten, fällt es uns leichter, eine Landschaft, die unter Seelenverlust leidet, zu erkennen. Je gesünder wir selbst werden, desto stärker wünschen wir uns auch, der Welt, in der wir leben und der Erde ihren Geist zurückzugeben.

Ich habe Teilnehmer in einigen meiner Seminare gebeten, für Zeremonien, die eine solche Heilung ermöglichen, zu reisen. Wir haben uns in die Vergangenheit begeben, um von unseren Vorfahren zu erfahren, wie dieses Thema angegangen und behandelt werden soll. Während meiner Recherche für *Auf der Suche nach der verlorenen Seele* stellte ich fest, daß Seelenverlust die häufigste Krankheitsdiagnose in schamanischen Gemeinschaften war. Ich entdeckte, daß Schamanen sich sogar mit der Rückführung der Seele des Getreides befaßten. Durch diese Erkenntnisse wußte ich, daß sie sich auch damit befassen mußten, Land die Seele zurückzugeben, und ich wollte dieses Wissen unserer Vorfahren erkunden. Es gibt unzählige Zeremonien, die ich während meiner Seminare wiederentdeckte. Erneut bemerkte ich, daß es bei den Zeremonien nicht wichtig ist, wie die Form genau aussieht. Die Schlüssel zum Erfolg sind eine klare Absicht und eine Liebe, die von Herzen kommt.

Diese Art der Arbeit verlangt, verantwortungsvoll vorzugehen. Ich würde niemals für einen Ort, von dem ich weiß, daß er wieder mißbraucht wird, eine Seelenrückführung durchführen. Das wäre Energieverschwendung. So lohnt es z.B. nicht, die Seele eines Ortes zurückzuholen, an dem in der Vergangenheit Atomtests durchgeführt wurden und wo für die Zukunft weitere geplant sind.

Wenn wir Heilungszeremonien für die Erde durchführen, sensibilisiert das unsere Gesellschaft für die Schäden, die wir ihr zufügen. Dabei gilt es aber zu bedenken, daß es nicht gut ist, andere für diese Zerstörung verantwortlich zu machen oder sich selbst schuldig zu fühlen. Es ist jedoch von größter Wichtigkeit, daß wir, als Menschheit insgesamt, unsere Fehler erkennen und unser Verhalten ändern.

Auf Reisen zu unseren Vorfahren haben wir Zeremonien entdeckt, mit denen die Seele eines Ortes wieder zurückgeholt werden kann.

Victoria erzählte von ihrer Reise:

Mit verbundenen Augen wurde ich auf einer Trage von einem Krieger bergauf zu einem heiligen Ort getragen. Dort stand ein Pfahl und ich wurde von den Kriegern der Eulen, Adler, Bären, Dachse und einigen andern empfangen, die einen Kreis bildeten. Ich erklärte ihnen, warum ich gekommen war und sie öffneten den Kreis, um für einen sehr alten Großvater Platz zu machen, der auf mich zukam. Er trug einen Kopfschmuck aus grauweißem Büffelfell mit Hörnern; der Pelz hing ihm über die Schultern und den Rücken. Folgendes Ritual bekam ich von ihm: er benutzte eine große Gänsegeierfeder und begann, den Geist anzusingen, während er die Feder zum Himmel hob und auf den Boden senkte. Es war, als ob er den Geist herbeiwinkte. Er sagte mir, daß mir das Lied für das Land, mit dem ich mich jeweils befaßte, einfallen würde und ich eine Weile singen sollte, um den Geist anzulocken.

»Dann lege dir einen Medizinkreis aus Steinen oder den Materialien, die du finden kannst, um einen heiligen Ort für die Rückkehr der Seele zu schaffen. Stelle dich in diesen Kreis und singe immer weiter, während du mit der Feder nach unten fährst. Gehe dann von außen um den Kreis und ziehe den Geist nach innen, während du ihn durch deine Gesänge und die Feder versiegelst.

Dann rufe singend alle Tiere dieses Landes herbei. Wenn du damit fertig bist, mache ein Kreuz über dem Kreis, um die Seele darin festzuhalten.

Streue Mais und/oder Tabak um das Äußere des Kreises. Dann setze dich davor und bete für die Seele. Frage, ob sie etwas braucht oder du ihr helfen kannst.«

Als der Rückruf der Trommel begann, wurden meine Augen wieder verbunden, ich wurde auf der Trage den Berg wieder hinabgebracht.

Lois erinnert sich daran, wie der Geist eines Vorfahrens das folgende Ritual erzählte:

Nimm fein gemahlenes Maismehl und verstreue es auf der Erde, während du pfeifend die Geister rufst. Verstreue und pfeife dabei. Dann beginnne zu rasseln während du gehst.

Dir wird ein Lied einfallen, um die Seele zurückzurufen. Rufe den Geist des Regens und die regenbringenden Gehilfen an, damit sie zur Erde kommen. Rufe auch die heilende Sonne und die Ameisen. Rufe die Samen des Grases, die Insekten und Vögel. Bitte die Geister, bei der Heilung dieses Ortes zu helfen. Bitte darum, daß alle, die diese Erde betreten, ihr und ihrer Genesung Respekt und Ehrerbietung entgegenbringen. Lade die Seele ein, zurückzukommen, sich zu Hause zu fühlen und zu bleiben. Auch das Netz des Lebens soll wiederkehren. All dies wird mit deinem Lied verschmelzen, welches du singst, während du über die Erde schreitest und rasselst. Tue dies wieder und wieder.

DCB beschreibt ihre Reise für die verlorene Seele des Landes:

Mein Krafttier begleitet mich in die Untere Welt. Ich höre ein Lied:

Hoya ... Hoya ... Hoya
Hey! Hey! Hey! Hey!

Ich werde zum Eingang einer großen und heiligen Höhle geführt. Ein kleiner Mann, gekleidet in weiße Federbüsche und Pelz steht da. Die ganze Höhle erscheint von sanftem weißen Licht durchflutet. Der Mann hat kohlrabenschwarze Haare und leuchtende Augen. Sein Gesicht sieht jugendlich aus, wie das einer Putte, mit rosigen Wangen und einem humorvollen Lachen. Er ist weise – sehr jung noch, aber weise. Stolzt steht er vor mir.

Andere sind da, die große runde Trommeln schlagen. Einer hält einen langen Stab mit einem fest gedrehten Seil aus Haaren als Bogen. Auf dessen Spitze ist der Kopf einer Libelle mit ausgebreiteten Flügeln zu sehen. Der Spieler hält den Bogen in der Hand und reibt die Hände zusammen, wobei der Bogen, der in einem grauen Stein steckt, der oben ein Loch hat, summt.

Mir werden zwei hölzerne Griffe, aus denen drei weiße Federn ragen, gegeben und ich erhalte folgende Anweisungen:

Stelle dir das Land der verlorenen Seelen vor,
drehe dich dreimal nach links und schaue in die Sonne,
drehe dich dreimal nach rechts und schaue in die Sonne
Nimm die Kraft der Erde auf der du stehst
Nimm die Griffe der weißen Federn
kehre die Luft vor dir zusammen,
kehre drei Mal.

Hebe die Federn dreimal von der Erde zur Sonne
und dreimal von der Sonne zur Erde.
Nimm deine Hände vor den Mund
Sieh die Seele als ein Samenkorn, nimm es unter die Zunge.

Jetzt wirst du in die Nacht ziehen
mit deinem Kanu durch die Sterne fahren
ins Land der verlorenen Seelen.

Gleite durch die Nacht
Gleite hinab zur Erde ...
Tritt auf die Erde,
spucke die Seele ...
Twhoooo ... twhoooo. Twhoooo ... twhoooo
Es kommt kein Wasser, nur Seele
Spucke sie tief in die Erde
Stampfe darauf herum!

Erdtrommeln schlagen schnell ...
jetzt –
Hey! Hey! Hey-hey-hey

Drehe dich schnell und stampfe
Stampfe!
Stampfe drei mal vier,
ändere die Richtung.

Springe auf und ab
Lege die Hände flach auf die Erde
Schrei YA!

Kein Laut
In der Stille bleibt die Seele stetig
Höre, ob sie bereit ist zu bleiben,
ob es für sie sicher ist, zu bleiben ...
Willkommen zu Hause zu sein.

Ich möchte hier auch zwei Reisen nennen, die Rituale beschreiben die auch in der Stadt genutzt werden können. Zuerst reiste Elaine, um zu erfahren, wie sie die Stadt in der sie lebt, heilen könnte:

Ich begab mich zu meinem Kraftort in der Unteren Welt und traf mein Krafttier. Ich erklärte ihm, daß ich beabsichtigte, einen Ahnen zu finden, der mir ein Ritual zur Heilung für meine Stadt geben würde. Es erwiderte, dies sei eine Aufgabe der Oberen Welt und brachte mich dorthin.

Dort traf ich meinen Lehrer und wiederholte meine Absicht. Er brachte mich zu einer ungefähr sechzigjährigen Frau, bei der ich einen alten Mann in braunen Lederkleidern traf. Ich kannte die beiden nicht und fragte auch nicht nach, wer sie waren. Dann sah ich meine Großmutter mütterlicherseits. Ich arbeite oft mit einer Dreiergruppe, und auch auf dieser Reise war es wieder so. Sie beschlossen, mit einer Stimme zu mir zu sprechen. Dann erklärte ich ihnen, daß ich ein Heilungsritual für meine Heimatstadt Philadelphia wünschte, wobei ich gleichzeitig die positive Energie, die an diesem Ort herrschte, zu beleben und verfügbar machen wollte. Sie sagten, daß viele Plätze, an denen Blumen wuchsen, Seelen hätten. Das Ritual das sie mir beschrieben, konnte ich entweder alleine oder gemeinsam mit Gleichgesinnten durchführen. Wir sollten überall in der Stadt kleine Portionen Honig für die Bienen verteilen und dabei die Bienen bitten, den Blumen die Bitte um Heilung für die Stadt zu überbringen. Der Honig überbrachte den Blumen den Wunsch, daß sie die Stadt mit einem Schleier energiereicher Pollen überziehen sollten. Dadurch würde die Seele der Stadt angelockt werden.

Außerdem bekam ich die Anweisung, alte, vertrocknete Blumen niemals sofort auf den Müll zu werfen, sondern sie lieber einen Tag draußen liegen zu lassen. Außerdem könnte ich den Blumen meine Bitten direkt vortragen.

Am Ende der Reise, als die Trommeln verstummt waren, hörte ich das Summen der Bienen in meinen Ohren. Zum ersten Mal in meinem Leben erlebte ich es als ein Geräusch meiner Freunde und Verbündeten.

Francoise erlebte folgendes:

Suche Dir eine Pflanze oder einen Baum, oder pflanze eine/n. Wenn es sich um ein Gebäude handelt, bringe ein kleines Gewächs oder ein Bäumchen mit und stelle es an einen besonderen Ort. Sammle Steine, um sie in einem Kreis darum zu legen. Setze vier spitze Kristalle oder auch andere Gegenstände, die sich zum Trans-

port von Seelen eignen, in den vier Himmelsrichtungen in den Kreis, wobei die Spitze auf die Pflanze zeigen sollen.

Singe, summe, atme oder spiele auf einem Instrument in den Boden vor den vier Kristallen. Sie werden die Kraft auf die Pflanzen übertragen, die das Gefäß für die Rückkehr der Seele ist. Von dort aus wird sie dann verteilt. Rufe die Seele mit klarer Absicht. Du kannst auch tanzen oder singen, um sie einzuladen und willkommen zu heißen. Die Seele überträgt sich dann über die Wurzeln, die Äste und Blätter der Pflanze auf den Ort. Durch den Sauerstoffaustausch der Pflanze verteilt sie sich ebenso. Laß die Kristalle so lange um die Pflanze liegen, bis du die Seele spüren kannst. Es kann einige Tage oder Wochen dauern.

Nachdem wir uns selbst auf dem Weg der Heilung befunden haben, ist es an der Zeit, unsere Aufmerksamkeit nach außen zu richten, und unsere Umgebung oder die Welt zu betrachten.

In der Wirtschaft müssen wir unsere Einstellung und unser Verhalten von Geld auf Dienstleistung umstellen.

Wir müssen unsere Einstellung im Wirtschaftsleben ändern, um das Prinzip, daß alles Leben heilig ist, und wichtiger als Geld, mit einzubeziehen.

Es ist Zeit, die Seele der Wirtschaft zurückzugewinnen:

- Im Vertrauen, daß gute und wichtige Arbeit auch angemessen entlohnt wird
- durch Integrität und Mitgefühl
- Indem wir unsere Vorstellung von Partnerschaften und Zusammenarbeit erweitern und zum Vorteil aller handeln

- Indem wir Spiritualität ins Geschäftsleben einbringen, wir uns auf die Natur und geistige Werte konzentrieren und den Geist nicht dazu benutzen, materielle Güter anzuhäufen.

Wir sind für unsere Taten verantwortlich und legen dafür Rechenschaft ab.

Wür dürfen nicht in den Fehlern der Vergangenheit und Schuldgefühlen verharren, sondern müssen nach vorne schauen, um die Zukunft zu verbessern.

Wir können eine positivere Zukunft erschaffen, indem wir mit anderen Menschen zusammenarbeiten.

Es ist wichtig für die Mitglieder einer Gemeinschaft, sich zugehörig zu fühlen, damit sie den Wunsch zur Zusammenarbeit entwickeln können.

So, wie ein Mensch seine Seele verlieren kann, so kann das auch jedem Ort auf der Erde passieren.

Durch eine Zeremonie können wir die Seele der Erde an diese Stelle zurückholen.

Ethisch am besten vertretbar ist es, diese Zeremonie für einen Ort durchzuführen, der in der Zukunft – soweit wir das wissen können – nicht mehr mißbraucht wird.

Wir erhalten, was wir geben. Wenn wir unsere Energien auf das richten, was für alles Leben gut ist, und sie so schöpferisch wie möglich einsetzen, werden unsere geistigen, körperlichen und emotionalen Bedürfnisse erfüllt.
Zu einem Unternehmen sollten uns die Begriffe* Integrität *und* Mitgefühl *einfallen.

ÜBUNGEN

Die Aufgabe, wieder mehr Seele in ein Unternehmen einzuführen ist schwierig. Deshalb ist es wichtig, mit sich selbst sanft umzugehen und daran zu denken, daß nicht alles auf einmal geschehen muß. Es reicht, mit den kleinen Veränderungen anzufangen.

1. Wir alle machen Geschäfte. Wieviel Zeit verbringe ich damit, über Geld nachzudenken? Wieviel Zeit verbringe ich damit, kreativ zu sein?
Wie kann ich diese beiden Aspekte meines Lebens miteinander verbinden?
2. Fühle ich mich als Partner gegenüber meinem Arbeitgeber und meinen Mitarbeitern?
Durch was kann ich die Partnerschaft verbessern? Dabei ist es wichtig, die eigene Vorstellungskraft zu nutzen und positiv zu denken, auch wenn wir glauben, daß diese Art der Partnerschaft nicht durchführbar ist.
3. Welche Arbeit erscheint mir sinnvoll? Wo würde ich besonders gerne arbeiten?
4. Auf welche Weise kann ich der Gemeinschaft besser dienen?
5. Wir machen Nachbarn ausfindig, mit denen wir uns treffen können und veranstalten eine Nachbarschaftsfeier. Wir erzählen von der Vergangenheit dieser Gegend. Ich teile Hoffnungen und Pläne für die Gemeinschaft mit den anderen. Wir überlegen, wie wir zusammen die Lebensqualität in unserer Gegend verbessern können.
6. Ich erinnere mich an einen Ort, an dem ich gewesen bin, der seine Seele verloren haben könnte. Ich finde alleine oder mit anderen eine Zeremonie, um die Lebensenergie an diesen Ort zurückzuholen.
7. Ich gestalte in meiner Wohnung einen heiligen Ort, damit ich erleben kann, wie man sich an einem Ort fühlt, der eine Seele hat. Dafür benutze ich Gegenstände, die für mich von Bedeutung sind. Besonders geeignet sind dabei solche, die Lebenskraft ausstrahlen, wie z.B. frische Blumen und andere Dinge aus der Natur, die einen besonders anziehen.

KAPITEL 8

ARBEITEN – IM KREISLAUF DER NATUR

Wir sind ein Teil der Natur und leben in ihr. Ein Teil des technischen Fortschritts ist die Fähigkeit, eine künstliche Welt zu gestalten, die uns von dem entfernt, was gleichzeitig in der Natur vor sich geht.

Wenn wir Natur als einen Spiegel für unsere eigenen Prozesse betrachten, müssen wir auf die darin verborgene Botschaft hören. Das Klima hat sich extrem geändert. In vielen Gegenden verursachen Insekten, und die von ihnen verbreiteten Krankheiten große Probleme. In Kapitel 2 sprach ich über die Leidenschaft für das Leben. Ich frage mich, ob die Erde als lebendiger Organismus vielleicht mehr Leidenschaft zum Leben besitzt als wir Menschen. Wie würde sich unser Leben ändern, wenn wir einmal über den natürlichen Evolutionsprozeß, der heutzutage auf unserem Planeten stattfindet, nachdenken?

Betrachten wir z. B. das Feuer und seine Folgen. Die meisten Menschen erleben Feuer nur als vernichtend. Was aber passiert in der Natur nach dem Feuer? Bestimmte Samen treiben und beginnen ihr Wachstum. Genauso gibt es eine reinigende Kraft nach einem Sturm oder einer Flutkastastrophe. Wenn wir lernen, natürliche Kreisläufe in der Natur wahrzunehmen, sehen wir, daß eine Naturkatastrophe zwar Zerstörung und Verlust bedeutet, darauf aber Entwicklung, Wachstum und Heilung durch die Erde und andere Lebensformen folgen.

Um Kreativität zu verstehen, müssen wir die Natur genau beobachten. Wie gehen andere Lebensformen mit dem Wechsel der Jahreszeiten um? Machen wir uns das Leben schwer, weil wir in einer künstlichen Welt leben? In der Zeit nach unserer Genesung müssen wir Wege finden, wieder ein Teil der Natur zu werden, anstatt weiterhin der Illusion anzuhängen, daß wir die Natur beherrschen könnten.

Als ich noch eine Praxis für beratende Psychologie hatte, fiel mir auf, daß im September viele Klienten über Kraftlosigkeit klagten. Jedem, der darunter litt, empfahl ich, einen Blick aus dem Fenster zu werfen und die langsam kahl werdenden Bäume zu betrachten. In allen Klimazonen der Welt verändert sich die Natur, egal, ob wir es nun wahrnehmen oder nicht. Im Herbst sterben alle Pflanzen auf natürliche Weise ab, und es ist ein Zeitpunkt um loszulassen. Ich erkannte damals, wie sehr wir uns durch unsere künstliche Lebensart bereits von den natürlichen Zyklen entfernt hatten.

Vor einigen Jahren gab mir Isis den Rat, zu den Gesetzen der Natur zurückzukehren und mich von den Gesetzen der Menschen zu entfernen. Ein Teil meines Weges bestand darin, ihre Vorschläge verstehen zu lernen. Mir wurde bewußt, daß es in der Natur keinen Mangel gab, sondern dieser eine menschliche Vorstellung ist. Im Laufe der Jahreszeiten gibt es Zeiten, wo alles ruht, doch es endet nicht.

Hierzu kann ich ein Beispiel aus meinem ersten Buch *Auf der Suche nach der verlorenen Seele* geben. Es vergingen Wochen, in denen ich gar nichts schrieb und blockiert war. Von außen betrachtet mag man dies als eine unproduktive Zeit sehen, aber ich wußte intuitiv, daß in meinem Innern die wichtigste Arbeit stattfand – auch wenn ich kein Wort zu Papier brachte. Gedanken und Informationen glühten in mir, und mein eigener Prozeß machte große Fortschritte. Während dieser Zeit zwang ich mich nie zum Schreiben, denn ich fühlte, was geschah. Bewußt dachte ich nicht darüber nach, sondern akzeptierte einfach, was vor sich ging. Ich vertraute darauf, daß ich in dem Moment, wo es so weit war, die richtigen Worte finden würde. Meine Intuition trog mich nicht, denn als ich dazu bereit war, flossen mir die Worte ohne jede Anstrengung aus der Feder.

Im Kreislauf der Natur sehen wir unterschiedliche Abläufe. Zuerst ist es Zeit, die Erde zum Säen und Pflanzen der Samen vorzubereiten. Dann wird gedüngt und die Saat gepflegt. In der Periode des Wachstums sehen wir die Früchte unserer Arbeit reifen, die wir dann zur Erntezeit einbringen können. Schließlich folgt die Ruhezeit und die Erde erholt sich. Was sich in der Natur abspielt, läßt sich symbolisch auch auf unser Leben übertragen. All unsere Arbeit, unsere Körper und unser ganzes Leben folgen diesem Kreislauf.

Die Jahreszeiten sind aber nur ein Teil der natürlichen Abläufe. Denken wir an das Wasser. Es bildet den größten Teil unseres Körpers. Während ich mein erstes Buch schrieb, unternahm ich eine schamanische Reise, auf der ich zum Ozean wurde. Ich wollte wissen, was ich in der Verbindung mit einer so gewaltigen Kraft lernen könnte. Der Ozean erinnerte mich an Ebbe und Flut und sagte zu mir: »So, wie es im Verlauf einer Arbeit Jahreszeiten gibt, denke auch an die Gezeiten. Es gibt eine Zeit, um aktiv zu arbeiten und deine Arbeit der Welt zu zeigen, aber genauso mußt du dich zurückziehen, um auszuruhen und neue Kräfte zu sammeln.«

Auch der Mond beeinflußt verschiedene Zyklen. Eines Tages, als ich Isis auf einer Reise besuchte, wollte sie mir einen neuen Lehrer vorstellen. Sie nahm mich mit zum Mond. Schon immer wollte ich die verschiedenen Mondphasen besser verstehen, aber trotz der vielen Bücher und Mondkalender die ich zu diesem Thema studierte, konnte ich einfach deren Bedeutung nicht verstehen. Der Mond selbst unterrichtete mich und zeigte mir das, was ich den Zeichnungen der Mondkalender nicht entnehmen konnte. Er sagte: »Schau, wie ich zu- und abnehme, wie ich rund werde und wieder verschwinde.«

Er führte mir seine Bewegungen mehrmals vor und langsam fühlte ich, wie sich mein Körper dem seinen anpaßte, zu- und abnahm und seinen Bewegungen folgte. Endlich verstand ich, was ich so lange durch Bücher hatte lernen wollen. Ich erkannte den erstaunlichen Verlauf der Mondphasen.

Er erklärte mir auch, was ich wann in meinem Garten pflanzen sollte: Wenn der Mond zunimmt, schickt er seine Energie in den Pflanzenstiel, in die Früchte und Blumen. Dies ist die Zeit, um alles, was blüht und über der Erde Früchte trägt, zu pflanzen. Nimmt er ab, zieht der Mond die Energie in die Wurzeln; dies ist eine gute Zeit, um Gemüse zu setzen, das unter der Erde wächst.«

Der Mond wünschte, daß ich mein Leben nach seinen Phasen richte. Er sagte: »In der Zeit zwischen Neu- und Vollmond sollst du aktiv sein und Neues schaffen. Wenn ich dann abnehme, ruhe auch du, erhole dich und ziehe dich in dich selbst zurück, wie es bei Ebbe die Wellen tun.«

Zuerst begeisterte mich diese neue Aufgabe und ich war stolz, daß der Mond zu meinem Lehrer geworden war. Aber dann überwog meine praktische Natur. Diese Art von Zyklus ließ sich nicht mit meinem Arbeitspensum vereinbaren und es fiel mir schwer, mein Leben diesem neuen Rhythmus anzupassen; mich mit meiner Kreativität und auch mit den Ruhepausen genau nach den vorgegebenen Zeiten zu richten. Erneut reiste ich zum Mond und bat um Vergebung, da ich unfähig gewesen war, mich an seine Lehren zu halten. Er sprach: »Was ich dir gezeigt habe, war zu deinem Besten. Ich bleibe hier, und wenn die Zeit für dich gekommen ist, mir zu folgen, wirst du mich immer noch an diesem Ort finden.«

Er hatte recht. Das künstliche Gebilde, daß ich mir für mein Leben konstruiert hatte, zwang mich zu Konsequenzen, unter denen ich litt. Der Wechsel zwischen Aktivität und Erholung ist naturbestimmt, und wenn ich mich dagegen wehre, muß ich dafür büßen. Auf solch anormale Weise zu leben verursachte Streß, den ich an Geist und Körper spürte. Es wäre leicht gewesen, daran zu zerbrechen, aber da ich mein Leben klar vor Augen habe und auch in meinem Unterricht immer wieder betone, daß wir Änderungen Schritt für Schritt vornehmen müssen, gelang es mir, in meiner Mitte zu bleiben. Ich änderte nicht alles sofort, sondern fing da an, wo ich konnte – in meinem Garten.

Meine Reise zum Mond hatte im April stattgefunden, bevor ich begann, meinen Garten zu bepflanzen. Ich kaufte mir den 100jährigen Bauernkalender, damit ich bei meiner Gartenarbeit »nicht das Rad von neuem erfand«. Ich wollte gerne von unseren Vorfahren lernen und hatte mir das Ziel gesetzt, den Nachthimmel zu betrachten und genau zu wissen, was ich wann zu pflanzen hatte. Trotzdem mußte ich meine Möglichkeiten realistisch betrachten. Ich war in Brooklyn aufgewachsen, einem Stadtteil, wo das, was am Nachthimmel geschieht nicht eben als wichtig gilt. Obwohl ich wußte, daß viele meiner Schüler und Kollegen mir im Verständnis der Natur weit voraus waren, akzeptierte ich meine Bemühungen und mein persönliches Wachstum. Dazu gehörte, mir meinen Mangel an

Wissen über die Vorgänge in der Natur einzugestehen und von vorne anzufangen. Ich lerne immer noch, habe aber inzwischen unwahrscheinliche Fortschritte in meiner Wahrnehmung dessen, was um mich herum geschieht, gemacht.

Noch wichtiger ist, daß ich mir über meine eigenen Gefühle klarer geworden bin, während sich die Natur um mich herum stündlich, täglich und entsprechend der Jahreszeiten verändert. Zum Beispiel weiß ich jetzt, daß der Sommer nicht meine beste Zeit ist. Ich kann nicht aktiv und schöpferisch sein, sondern bin stattdessen besonders verletzbar. Hier brauche ich viel Zeit für mich selbst.

Im Herbst und Winter hingegen fühle ich mich topfit. Ich bin viel unterwegs, sprühe vor Kreativität und nehme soziale Aufgaben wahr. Zu dieser Zeit fühle ich mich stark und kraftvoll. Ich brauchte Jahre, bis ich dies verstanden hatte. Meine eigene Entwicklung anzuerkennen bedeutet, daß ich meine Arbeit entsprechend meiner eigenen inneren Jahreszeiten planen muß.

Oft verlassen wir uns mehr auf das, was andere für natürlich halten, statt unserem eigenen Rhythmus zu folgen. Wie sieht unser persönlicher Rhythmus aus? Zu welcher Jahreszeit fühlen wir uns am wohlsten? Wann können wir uns am besten zurückziehen und entspannen? In welchen Stunden sind wir am kreativsten und haben die meiste Energie? Wann brauchen wir Ruhepausen und wie lange müssen wir ruhen? Nach unserer Genesung sind all dies wichtige Fragen, auf die wir eine Antwort finden müssen. Um so produktiv wie möglich zu sein, muß jeder von uns seinen eigenen Tagesablauf und Arbeitsrhyhtmus im Verlauf der Jahreszeiten herausfinden: niemand kann diese Erfahrungen für uns machen. Da unsere Gesellschaft einem linearen Zeitablauf folgt, kann es für uns schwierig werden, nach unserem eigenen Programm zu leben. Von klein auf haben wir gelernt, nach der Uhr zu leben und uns an die von ihr diktierten Zeiten anzupassen. Aber vergessen wir nicht – irgendwo müssen wir anfangen, unser Leben zu ändern. Beginnen wir dort, wo wir flexibel sind, z. B. in unserer Freizeit und versuchen dort, das Erlernte zu nutzen. Uns wird damit bewußt, wie weit wir uns von der Natur entfernt haben und wir können unsere Erfahrungen anderen zugänglich machen.

Wir können unendlich viel von der Natur lernen. Am einfachsten geht dies, wenn wir unsere Augen offen halten, beobachten und dabei gleichzeitig für Neues empfänglich bleiben. Ich unterhalte mich z. B. mit verschiedenen Teilen der Natur. Durch den Schamanismus ist es möglich, sich mit den Geistern der Erde zu verständigen und von ihnen zu lernen, indem wir eine schamanische Reise jenseits von Zeit und Raum antreten. Aber es gibt auch noch andere Möglichkeiten, dieselben Informationen zu erlangen. Wir können den Weg der direkten Offenbarung wählen, indem wir unsere Wahrnehmung so verändern, daß wir unsere natürliche Umwelt auf andere Art und Weise erfahren. Dafür gehen wir nach draußen und setzen uns zu etwas Lebendigem, von dem wir gerne lernen möchten. Das kann ein Teich, ein Baum, eine Blume, eine Schildkröte oder irgendein anderes Lebewesen sein. Dann gehen wir in unsere Mitte und konzentrieren uns. Dies geht am leichtesten, wenn wir tief ein- und ausatmen und uns selbst so deutlich wie möglich in unserer Umgebung spüren; die Luft auf der Haut, die Temperatur. Ist es warm oder kalt? Feucht oder trocken? Steht die Luft oder fühlen sie einen Windhauch? Am besten ist es, die Augen zu schließen und den Geräuschen um uns zu lauschen. Was riechen wir? Erinnern wir uns an die Übung zur Wahrnehmung aus Kapitel 2. Es geht darum, alle unsere Sinne zu öffnen. Es genügt erstmal, die Natur körperlich zu erfahren, um danach zu versuchen, sie mit unseren unsichtbaren Fähigkeiten zu erspüren. Wenn wir zentriert und vielleicht ein wenig in einem veränderten Bewußtseinszustand sind, können wir anfangen, zu lernen. Haben sie schon mal einen Spaziergang gemacht und sich dabei »offen« gefühlt? Durch eine tiefe Verbindung zur Natur bekommen wir einen Sinn für andere Zeitabläufe als den linearen, dem wir unseren Alltag unterwerfen. Unsere Wahrnehmung ändert sich, und wir erleben uns anders, vielleicht ein bißchen euphorisch. Sicherlich kennt jeder den Frieden, den man bei einem Spaziergang im Freien erlebt. Wenn nicht, ist es Zeit, dafür zu sorgen, und wenn es nur ein regelmäßiger Spaziergang im Park ist. Um ein schöneres Leben zu führen, müssen wir uns Zeit und Raum nehmen, um uns mit der Natur zu verbinden. Dies ist unbedingt notwendig, denn wir können es uns nicht länger leisten, so getrennt von der Natur zu leben.

Wenn wir uns Zeit genommen haben, um uns in der Natur aufzuhalten, suchen wir uns ein Lebewesen, von dem wir lernen möchten. Es kann eines der Elemente, Wasser, Erde, Luft oder Feuer sein, aber auch ein Stein, ein Baum, ein Tier, Insekt oder Blatt. Ureinwohnern war diese Möglichkeit bekannt und sie lernten dadurch, Pflanzen als Medizin zu nutzen. Sie sprachen mit den Pflanzen. Die meisten von uns haben diese Fähigkeiten verloren, weil wir unsere Sinne, die wir dafür brauchen, haben verkümmern lassen. Allerdings ist es nie zu spät, sie durch Übungen wiederzuentdecken. Dabei ist es wichtig, klein anzufangen. Es reicht am Anfang völlig aus, sich mit einem Lebewesen nur zu verständigen, ohne gleich heilerisch tätig zu werden. Wir sollten daran denken, daß die meisten von uns seit Generationen kaum noch Kontakt zur Natur hatten und uns die Zeit nehmen, in Ruhe Erfahrungen zu sammeln.

Vor einigen Jahren führte ich eine wunderbare ›Unterhaltung‹ mit einem Baum. Es war Herbst und ich befand mich auf dem Land im Staat New York, wo ich ein Seminar über die Geister der Natur abhielt. Alle Teilnehmer sollten sich einen Baum suchen und sich neben ihn setzen, um alles über die herbstliche Jahreszeit zu erfahren. Auch ich machte diese Übung mit, und suchte mir eine Eiche, deren Blätter in allen Farben leuchteten. Ich bat den Baum um Erlaubnis, mich neben ihn setzen zu dürfen. Man »weiß« einfach, wann man willkommen ist oder wann eine Lebensform in Ruhe gelassen werden will. Ich fühlte, daß ich die Erlaubnis erhielt, bei dem Baum zu sitzen. Ich ließ mich gegen seinen Stamm sinken und spürte die Erde unter mir. Die Luft war klar und es wurde bereits ein bißchen kalt. Ich fragte den Baum, ob er mir etwas mitteilen wolle und hörte seine Antwort in meinen Gedanken:

»Kennst du den Unterschied zwischen uns beiden?«

»Nein«, sagte ich mit einem Gefühl von Neugier.

»Du sitzt hier und überlegst dir, ob es an der Zeit ist, etwas in deinem Leben zu ändern. Gefühle, Verhalten oder Ansichten. Das mache ich nicht. Mein Blätter fallen von selbst ab. Ich denke nicht daran, daß nun das letzte Blatt auf der rechten Seite dran ist. Was wäre in deinem Leben anders, wenn du gestatten würdest, daß alles, was in diesem Herbst von dir abfallen soll, sich von alleine entfernt, ohne daß du darüber entscheidest, was du loslassen willst und wie?«

Was ich hörte, erstaunte mich. Ich entdeckte in dem Baum eine Haltung, die ich hier nicht erwartet hatte. Aber es stimmte, was er sagte. Ich hatte mich zu sehr auf meine Veränderungen konzentriert, war völlig aus dem Gleichgewicht gekommen, ohne genug Raum für meine natürliche Entwicklung zu lassen. Obwohl mich die Unterhaltung mit dem Baum beschämte, war sie doch die wichtigste Erfahrung, die ich in jenem Jahr machte, und ich brauchte eine ganze Weile, bis ich seine Lehren für mich umgesetzt hatte. Die Natur befindet sich im Gleichgewicht. Für uns als Menschen ist es eine Herausforderung, zu lernen, wann wir aktiv sein müssen, zu pflanzen und zu düngen und zu welchen Zeiten wir dann einfach abwarten, die Pflanze wachsen und auch sterben lassen müssen. Diese Metapher läßt sich auf alle Arbeiten, Beziehungen und die verschiedenen Abschnitte unseres Lebens anwenden.

Wie lernen wir, damit umzugehen? Zuerst müssen wir uns mehr Zeit nehmen. Wir neigen zur Hetze, die dann oft gesundheitsschädigende Ausmaße annimmt. Hier müssen wir langsamer werden und uns mehr dem Tempo unseres Körpers anpassen. Dies dauert und bedarf einer erhöhten Aufmerksamkeit unseren Bedürfnissen gegenüber. Was brauchen unser Körper, unsere Seele und unser Geist, um sich ausgeglichen und gesund zu fühlen?

Betrachten wir, wie die Natur durch die Bahnen der Sonne, des Mondes und der Sterne beeinflußt wird, und wie unser eigener Lebensrhythmus davon betroffen ist. Es gilt, kürzer zu treten und die Welt um sich herum zu beobachten; sich nach den eigenen Gefühlen und der eigenen Kraft zu richten. Wie verändern sich unsere Bedürfnisse in bezug auf die Mondphasen, die Gezeiten und andere Einflüsse? Wann fühle ich mich energiegeladen und kraftvoll? Zu welchen Zeiten bin ich verletzlicher, habe das Bedürfnis, mich zurückzuziehen und auszuruhen? Denken wir an die Strömungen des Meeres: Wir können Gefühlsschwankungen in unserem Körper spüren, wie Kraft und Gefühle hochkommen und wieder abflauen.

Unsere Kreativität wird sich in dem Maße vervielfachen, wie wir wieder einen Teil der Sonne, des Mondes, der Sterne und der Erde werden, denn wir bewegen uns dann im Fluß des Lebens. Ich glaube, das höchste Ziel aller Menschen, die eine positive Zukunft erschaffen wollen, sollte es sein, sich für das Wohl allen Lebens einzusetzen.

Wir sind ein Teil der Natur, nicht von ihr getrennt.

Durch technischen Fortschritt leben wir in einer künstlichen Welt.

Die Natur ist ein Spiegel unseres Verhaltens.

Naturkatastrophen sind in Wirklichkeit Ausdruck von Wachstum, Entwicklung und Heilung.

Die Natur folgt ihrem eigenen Rhythmus, erfahrbar durch die Jahreszeiten und den Lauf der Sonne, des Mondes und der Sterne.

Als Lebewesen unterliegen auch wir dem Einfluß der Natur. Wir können sehen, wie unsere eigenen Vorhaben den natürlichen Abläufen entsprechen (die Erde vorbereiten, säen, düngen, das Wachstum verfolgen, ernten und die Früchte unserer Arbeit genießen, ein Projekt beenden und ausruhen). Wir verfolgen die Strömungen und wissen deshalb, wann es an der Zeit ist, unsere Ideen in die Welt zu bringen und wann wir ausruhen und neue Kräfte sammeln sollen.

Es ist Zeit, zu den Gesetzen der Natur zurückzukehren.

Um kreativ zu sein, ist es wichtig, unseren eigenen Rhythmus zu finden und zu erkennen, zu welcher Jahres- oder Tageszeit wir am produktivsten handeln können.

Gegenwärtig wird unsere Gesellschaft von der linearen Zeitmessung regiert.

Je genauer wir die Natur beobachten, desto mehr können wir von ihr lernen. Direkte Offenbarungen bereichern ebenfalls unseren Erfahrungsschatz.

Wir nehmen uns die Zeit, uns im Freien zu bewegen.

Wir treten kürzer und überlegen, wie wir unser Leben entsprechend natürlicher Lebenszyklen gestalten können. Wir beobachten, wie sich die Natur um uns herum verändert.

Gute Früchte brauchen viel Wasser.

ÜBUNGEN

1. Ich richte meine Aufmerksamkeit vermehrt auf die Tageszeiten. Wann bin ich am produktivsten? Am besten ist es, darüber ein paar Zeilen aufzuschreiben.
2. Wie beeinflußt mich das Tageslicht? Auch hier bietet es sich an aufzuschreiben, wie sich die eigenen Stimmungen und Gefühle mit der Lichtqualität ändern.
3. Welche Jahreszeiten mag ich am liebsten? Man könnte ein Gedicht schreiben oder eine Geschichte erfinden, in der man erzählt, warum man gerade diese Zeit bevorzugt.
4. Ich schreibe mir auf, wie sich im Jahresverlauf meine Laune, mein Wohlbefinden oder meine Energie verändern.
5. Wir gehen nach draußen und betrachten den Nachthimmel, führen Buch über die Mondphasen und wie wir darauf reagieren.
6. Wir schaffen uns Zeit, um mit den Elementen und anderen Lebewesen zu sprechen, indem wir den Anleitungen am Kapitelende folgen. Auch hier ist es gut, Erfahrungen niederzuschreiben.

KAPITEL 9

DER WEG FÜHRT DURCH DAS HERZ

Lied der Rückkehr
(Gedicht über eine Seelenrückführung)

Eine alterslose Schamanin raste durch das Universum
fand mich umherwandernd und brachte mich nach Hause.
Mit dem Wind ihres Atems blies sie mir
meine kecke, schwindelige, weise kleine Kinderseele ein und
als wir uns trafen, sang sie »willkommen zu Hause«
und der Weg ist seitdem ganz anders geworden
... voller sich ändernder Farben ...
So zusammengebracht kann ich jetzt fliegen
... über Wiesen
... lange grasbewachsene Hügel hinunter.
Und aufsteigende große Kreise
wilde Dinge umgeben mich
zusammen zusammen
das Lob der Liebe summend.

Carol Proudfoot-Edgar

Siempre ging zu Bett. Sie drehte sich noch einmal zum Fenster, um vor dem Schlaf einen letzten Blick nach draußen zu werfen. Der Himmel war schwarz und sie konnte die Sichel des Neumondes erkennen. Sie sank in die wärmenden Decken, die sie schläfrig werden ließen. Sie schloß die Augen und wurde augenblicklich tief in ihr Inneres gezogen. In ihrem Traum traf sie Isis, die in der großen Leere auf sie wartete, an dem Ort der Dunkelheit vor dem Anbeginn der Welt.

»Siempre, weißt du, daß du in einer Welt der Illusion lebst?« fragt Isis.

Siempres freie träumende Seele antwortet: »Ja, das war mir immer klar.«

Isis fährt fort: »Das Reich der Illusion schützt das Reich der Wirklichkeit. Niemand kann vor der für ihn richtigen Zeit hierhergelangen.«

Siempre nickt, als ob sie Isis' Worte versteht. Sie versteht auf einer Ebene, die keine Sprache erfassen kann, es ist eine gespürte Art des Wissens.

»Ich merke seit einiger Zeit, Isis, daß Schamanen das Wissen hatten, diese Wirklichkeit zu erreichen. Es schien mir, als ob es irgendwo hinter der Illusion in der ich lebe, noch einen Ort gibt, der vollkommen ist. Für mich ist die Welt der nichtalltäglichen Wirklichkeit, in die ich gereist bin, die Welt der Geister. Ich glaube, es gibt noch ein anderes Land, zu dem ich noch keinen Zugang gefunden habe, und das auch nicht durch Reisen entdeckt wird. Es ist ein Ort ohne Krankheiten und Umweltverschmutzung, denn sie wurden dort nie geschaffen. Ich bin mir sicher, daß Schamanen wissen, wie man

dorthin kommt. Sie wußten, wie man dieses Paradies in diese Wirklichkeit bringt. Sie konnten wirklich Energie umwandeln, denn sie konnten zwischen Wirklichkeit und Illusion unterscheiden. Es ist nur ein Gefühl, daß ich in mir habe, und das durch nichts beweisbar ist.«

»Du bist auf dem richtigen Weg, Siempre«, antwortet Isis, »aber ich kann dir nicht helfen, den Ort zu finden, den du suchst. Deine Wahrnehmung muß sich ändern, und du mußt den Pfad alleine entdecken.«

»Wie finde ich den Anfang, Isis, kannst Du mir das sagen?«

»Du wirst die Pforte, nach der du suchst, im Garten finden. Das ist der Grund, warum ich dich ermutigt habe, daß du die Natur kennenlernst, Siempre. Menschliche Gesetze und lineare Zeitrechnung halten dich in der Welt der Illusionen fest. Kehre zu den Regeln der Natur zurück und dir wird Echtes und Wahres gezeigt werden. Im Garten wirst du sehen, daß die Pflanzen das wirkliche Leben sind, und keine Illusion. Finde deinen Weg zurück dorthin und du wirst die Wahrheit finden, nach der du suchst.«

»Ich will dir noch einen Hinweis geben – du mußt jetzt anfangen, dich mit deiner Überseele zu befassen.«

Siempre war erstaunt. Keiner ihrer hilfreichen Geister hatte jemals dieses Wort benutzt. Es war ihr aus den Erzählungen anderer bekannt, sie wußte aber nicht, was es zu bedeuten hatte. Sie überlegte, was Isis damit sagen wollte, wartete aber mit der Frage, um sie nicht zu unterbrechen.

Als Isis merkte, daß Siempre wieder aufmerksam zuhört, fuhr sie fort: »Du kannst jetzt selbst das für dich tun, was bisher dein Krafttier und deine Lehrer aus der nichtalltäglichen Welt zu deinen Lebzeiten für dich getan haben. Der Teil von dir, der sich verhält wie wir, ist die Überseele. Bisher haben immer wir ihre Arbeit übernommen. Nun wird es langsam Zeit, daß sich deine helfenden Geister zurückziehen. Fürchte dich nicht. Du hast nichts Falsches getan. Du mußt einfach nur in deiner Entwicklung weiter vorankommen. Wir werden uns langsam aus deinem Leben entfernen. Wir lassen dich nicht einfach im Stich. Von hier aus müssen du und wir getrennte Wege gehen. Denke aber immer daran, daß alle helfenden Geister und das Universum dich aufrichtig lieben.«

Die letzten Worte von Isis schwebten um Siempre. Sie spürte, daß Isis nicht länger da war, und sie sich alleine in einer tiefen Dunkelheit befand, in der es weder Zeit noch Leben gab. Sie wußte nicht, wie lange sie dort blieb. Irgendwann wurde sie von der Morgensonne, die in ihr Gesicht schien, geweckt, und von diesem fernen Ort zurückgeholt. Langsam kam sie mit der Erkenntnis zu sich, ganz von den Ereignissen der Nacht erfüllt zu sein.

Siempre folgte Isis' Ratschlägen und verbrachte mehr Zeit im Garten. Ihr Leben war ausgefüllt und die Veränderungen kamen nicht über Nacht. Doch sie blieb bei ihrer Absicht. Als Siempre eines Tages wieder in ihrem Garten saß, und die strahlenden Farben um sich genoß, hörte sie, wie eine fast unhörbare Stimme zu ihr sagte: »Die Pforte, die du suchst, führt durch dein Herz.«

Hier endet die Geschichte von Siempre und meine eigene beginnt. Ich bin noch immer auf der Suche nach der Tür, von der ich weiß, daß sie nicht weit ist. Für mich gibt es auf meinem spirituellen Lebensweg noch viel zu lernen, und aus meinen bisherigen Erfahrungen bin ich mir über eines sicher: Das, was wir sehen, berühren, riechen und fühlen, schaffen wir selbst. Bisher hat es zu unserer Entwicklung gehört, zu erfahren, was Leid bedeutet – vielleicht um Mitgefühl zu lernen. Ist es jetzt an der Zeit, uns auf eine andere Entwicklungsebene zu begeben? Sollen wir unsere Schöpfungen ändern? Können wir noch einmal die Schönheiten des Lebens und der Natur genießen? Ist es an der Zeit, wieder dem natürlichen Lauf des Lebens zu folgen? Ich behaupte nicht, daß so ein Leben ausschließlich angenehm ist, denn das Leben besteht nicht nur aus der Schönheit und Wärme, die von den Zyklen des Jahres und der Gezeiten kommt, sondern bedeutet auch Veränderungen, die unsere menschliche Seele manchmal schwer erträglich findet. Aber wir können ein Gleichgewicht erreichen. Finden wir den Ort in uns, an dem wir Mut und Stärke finden, um für unser Leben Verantwortung zu übernehmen. Wenn diese Welt wirklich das Reich der Illusion ist, und wir hier sind, um Zeichen zu setzen, dann laßt uns für uns und alles Leben um uns herum eine gute Geschichte erfinden.

Als erstes müssen wir hierzu unser Verhalten, uns selbst und allen anderen Lebewesen gegenüber ändern, und uns dann auf die Suche nach der Pforte in unseren Herzen begeben. Haben wir die einmal gefunden – wer weiß, was alles möglich ist.

Es ist möglich, eine Wirklichkeit zu finden, mit der wir diese Dimension verbessern können. Wir können lernen, Energie zu verändern und zu verwandeln.

Als erstes müssen wir lernen, mit allen Lebewesen Mitgefühl zu haben und Verantwortung für unser Verhalten und unsere Erfindungen zu übernehmen. Unser Umgang mit der Natur muß lebensbejahend sein, denn in unserer Genesung und der unseres Planeten möchten wir keinen neuen Mißbrauch schaffen.

Der Weg führt durch das Herz.

Liebe heilt.
Unsere Gegenwart erschafft die Zukunft;
deshalb bleib in der Gegenwart.
Lebe deine Gabe.

ÜBUNGEN

1. Ich erfahre mein Leben als ein Kunstwerk. Ich kann wählen, wie ich mich gerne ausdrücken möchte: durch ein Bildnis, eine Plastik, ein Musikstück oder etwas anderes.
Wenn ich meine Schöpfung mit etwas Abstand betrachte: Was würde ich daran ändern? Es gilt daran zu denken: Kunst zu schaffen braucht Zeit und Hingabe. Kunst ist niemals fertig, sondern ständig im Wandel.

NACHWORT: SIEMPRES GESCHICHTE

Vor ungefähr zwei Jahren wachte ich plötzlich im Morgengrauen auf. Ich spürte, daß ich sofort mit dem Schreiben beginnen mußte, was für mich sehr ungewöhnlich ist. Immer, wenn ich die Möglichkeit dazu habe, genieße ich es, lange zu schlafen. Ich setzte mich an meinen Schreibtisch und begann, meine Gedanken zu Papier zu bringen. Das Ergebnis steht am Beginn des 1. Kapitels. Es gibt in dieser Geschichte erstaunliche Übereinstimmungen.

Nach dieser ersten Seite brauchte es zwei Jahre, bis ich an *Welcome Home: Begleiten Sie ihre Seele nach Hause* weiterschrieb. Als ich begann, wußte ich nicht, wie ich auf den Namen Siempre kam, hatte aber das Gefühl, ihn schreiben zu müssen. Ein Jahr später begann meine Lehrerin Isis, mich über den Gedanken der Ewigkeit zu unterrichten. Nachdem mir Isis mitgeteilt hatte, wie wichtig dieses Thema war, entdeckte ich, daß *siempre* auf Spanisch »immer« bedeutet.

Es wird mir ständig ein Rätsel bleiben, ob Isis wußte, daß ich irgendwann ein neues Buch über die Zukunft und die Unvergänglichkeit des Lebens schreiben würde.

ANHANG: SCHAMANISMUS

Schamanismus ist seit zehntausenden von Jahren eine Möglichkeit, geistige Führung zu erlangen. Schamanen gibt es in der ganzen Welt, in Sibirien, Lappland, in Teilen Asiens, in Afrika, Australien und Nord- sowie Südamerika. Das Wort Schamane stammt aus dem Tungusischen und bedeutet »Heiler« oder »der in der Dunkelheit sieht«. Die Tungusen lebten in Sibirien und der Mongolei.

Ein Schamane ist ein Mann, oder eine Frau, die ihr Bewußtsein verändern können, um außerhalb von Zeit und Raum in die nichtalltägliche Welt zu reisen, die ich mir als parallel zu unserer vorstelle.

Schamanen benutzen Perkussionsinstrumente, üblicherweise Trommeln, um sich auf ihre Reise in die nichtalltägliche Welt zu begeben. Verhaltensforscher, die sich die Frage stellten, warum in so vielen Ländern der Erde Trommeln benutzt werden, fanden heraus, daß der monotone Trommelklang Beta-Wellen (die unser Gehirn in normal wachem Zustand produziert) in Theta-Wellen (wie in tiefer Meditation) ändert. Durch das Trommeln kann der Schamane seinen Körper verlassen und sich in diese Parallelwelt begeben. Ich betrachte hierbei die Trommel als Pfad vom Körper weg und zurück. In der nicht alltäglichen Welt kann der Schamane Geisthelfer treffen, die sich ihm als Tiere oder als Lehrer in menschlicher Gestalt zeigen. Er kann hier auch um heilende Hilfe oder göttlichen Rat bitten.

Es gibt drei verschiedene Welten: die Untere Welt, die Mittlere und die Obere. Sie unterscheiden sich durch unterschiedliche Eigenschaften, welche die beabsichtigte schamanische Reise bestimmen. Ich finde zum Beispiel die Untere Welt sehr erdverbunden. Hier kann ich die Landschaft fühlen und mit meinen Händen in der Erde graben. Ich erlebe Wald, Wüste, große Seen oder Kristallhöhlen. Meistens sind es Landschaften, die mir bekannten Orten auf dem Planeten ähneln. Die Obere Welt ist durchsichtiger. Ich »weiß«, daß ich etwas unter meinen Füßen habe, aber ich weiß nicht genau, was. Die Farben sind heller und pastelliger als die der Unteren Welt.

Sowohl in der Oberen als auch in der Unteren Welt gibt es viele verschiedene Ebenen. Wir leben in einem Universum ohne Grenzen; aus diesem Grund nehmen auch die Welten kein Ende. In der nichtalltäglichen Welt ähnelt die Mittlere Welt der unseren am meisten. Hier sehe ich die Dinge, die auch in meinem alltäglichen Leben existieren, allerdings ist meine Wahrnehmung verändert. Ich erkenne Gebäude, Menschen, Autos, aber ich befinde mich außerhalb der Zeit. Schamanen reisen normalerweise in die Mittlere Welt, um verlorene oder gestohlene Gegenstände wiederzufinden. Ich begebe mich außerdem dortin, um mit dem Geist eines Klienten zu sprechen, der im Koma liegt oder bewußtlos ist, um seine Erlaubnis zu bekommen, sie oder ihn zu heilen.

Die meisten schamanischen Kulturen der Welt glauben, daß bei unserer Geburt der Geist eines Tieres mit uns Mitleid hat, und sich freiwillig bereiterklärt, uns zu beschützen und über unsere Gesundheit und Sicherheit zu wachen. Dieses Tier ist ein Krafttier. Die meisten von uns haben zwei oder drei Krafttiere, die gleichzeitig bei uns sind, obwohl auch schon von ganzen Zoos berichtet wurde. Das Wunderbare am Schamanismus ist, daß die Erfahrungen die ein Mensch macht, nicht richtig oder falsch sein können. Aus diesem Grund lernt jeder, der sich auf den schamanischen Weg der Heilung begibt, sich selbst zu vertrauen und nicht irgendwelchen aufgesetzten Gesetzen oder Regeln zu folgen. Schamanismus verlangt nur, daß wir zum Vorteil aller Lebewesen und zur Heilung handeln. Es gibt jedoch keine Regeln darüber, wieviele Geisthelfer zugelassen sind, oder wie die Obere und Untere Welt auszusehen haben.

Üblicherweise ist ein Schamane jemand, der zu einer Heilung gerufen wird. Hierbei ist seine Aufgabe, sowohl den Lebenden als auch den Toten Genesung zu bringen.

In der schamanischen Vorstellung gibt es drei Ursachen für Krankheit. Seelische und körperliche Erkrankungen werden als gleichwertig angesehen. Ein Schamane arbeitet mit helfenden Geistern und nutzt dabei weder die eigene Energie, noch bildet er sich eine persönliche Meinung über den Ablauf der Heilung. Um die richtige Krankheitsdiagnose zu finden, reist der Schamane zu einem Krafttier oder Lehrer, der in einer heilenden Funktion tätig ist, um hier die geistige Ursache der Erkrankung und die angemessene Heilungsmethode in Erfahrung zu bringen. Es ist wichtig, daran zu denken, daß Schamanen mit der geistigen Seite einer Erkrankung arbeiten; dies läßt sich mit anderen medizinischen Therapien kombinieren.

Auf seiner Reise, die der Schamane in die nichtalltägliche Welt unternimmt, um sich mit den helfenden Geistern zu beraten, entdeckt er normalerweise einen oder mehrere von drei möglichen Ursachen für die Erkrankung. Zum einen könnte das Krafttier des Patienten diesen verlassen haben, ohne daß ein anderes seinen Platz eingenommen hat. Manche Krankheitsbilder kennzeichnen diesen Kraftverlust: Erkältungen, Viruserkrankungen oder Grippe zum Beispiel. Es scheint, daß diese Patienten die Einheit ihres Körpers nicht bewahren können. Weitere Formen des Kraftverlustes sind chronische Depressionen oder Selbstmordabsichten. Auch aufeinanderfolgende Unglücksfälle, wenn jemand z. B. überfallen wird, eine Treppe hinunterstürzt und dann noch den Arbeitsplatz verliert, fragt man sich fast, ob ein böser Zauber den Betroffenen heimgesucht hat. Aus schamanischer Sicht ist hier die Kraft abhanden gekommen. In diesem Fall reist der Heiler in die nichtalltägliche Welt, um ein Tier zu finden, das bereit ist, mit ihm zurückzukehren und damit dem Klienten seine Kraft zurückzugeben.

Ein anderer Grund für Krankheit kann der Verlust der Seele sein. Sie ist unsere Lebenskraft, die Basis unseres Seins, die Lebendigkeit. Durch ein seelisches oder körperliches Trauma spaltet sich ein Teil der Seele vom Körper ab und reist in die nichtalltägliche Welt, um zu überleben. Der psychologische Begriff hierfür heißt *Dissoziation*. Ein Unterschied zwischen Psychologie und Schamanismus ist, daß erstere keine Aussage darüber trifft, wohin die abgespaltenen Teile verschwinden. Durch schamanisches Reisen finden wir sie entweder in der Unteren, der Mittleren oder der Oberen Welt, wo sie außerhalb der Zeit leben.

In einer schamanischen Gesellschaft versammelt sich sofort die gesamte Gemeinschaft, sobald einem der ihren ein Unglück (z. B. ein Jagdunfall) zugestoßen ist, und der Schamane führt mit Unterstützung aller eine Seelenrückführung durch. Da in unserer Kultur die seelischen Aspekte einer Krankheit keine Rolle mehr spielen, ist es für schamanische Heiler heute eine größere Herausforderung, Seelenrückführungen anzugehen. Wir müssen zehn, zwanzig oder sogar vierzig und noch mehr Jahre zurückgehen, um die Seele zu suchen und den Grund für ihre Flucht herauszufinden.

Einige der Ursachen für einen Seelenverlust sind Inzest, seelische und/oder körperliche Mißhandlungen, Unfälle, Operationen, Kriegstraumata, Krankheit, Scheidung oder der Tod eines geliebten Menschen. Alles, was Schmerz verursacht, kann einen Seelenverlust auslösen. Wäre ich zum Beispiel in einen Frontalzusammenstoß verwickelt, würde auch ich garantiert nicht zu jenem Zeitpunkt in meinem Körper stecken wollen. Es ist wichtig, zu verstehen, daß Seelenflucht ein Überlebensmechanismus ist, der ein Schmerz auslöst, den der Betroffene sonst körperlich oder seelisch nicht überlebt hätte, wenn die Person sich während des Vorfalls ganz in ihrem Körper aufgehalten hätte. Des öfteren berichten mir Inzestopfer, daß sie während der Mißhandlung das Gefühl hatten, als Zuschauer daneben zu stehen.

Seelenverlust drückt sich auf vielerlei Weise aus. Es ist ein Zeichen seelischer Dissoziation. Manchmal haben Betroffene das Gefühl, daß sie das Leben wie einen Film wahrnehmen, anstatt selbst daran teilzunehmen. Nach einer Operation erscheint es manchen so, als ob sie nie richtig aus der Narkose aufgewacht seien, oder Unfallopfer haben noch den Eindruck, nicht wieder »beieinander« zu sein. Es gibt auch Menschen, die einen Teil ihrer Seele in zerbrochenen Partnerschaften oder dem Tod geliebter Angehörigen verlieren. Die Flucht der Seele behindert die Weiterentwicklung; die Betroffenen bleiben in der Vergangenheit hängen oder projizieren einen Verlust in die Zukunft.

Wie beim persönlichen Kräfteverlust weisen auch hier chronische Krankheiten auf die Ursache. Es gibt im Universum keine Leere; wenn sich also jemand nicht ganz in seinem oder ihrem Körper aufhält wird diese Lücke möglicherweise durch Krankheit gefüllt. Genauso kann Seelenverlust durch Suchtverhalten kompensiert werden. Essen, Alkohol, Drogen, Beziehungen, Arbeit oder Geld füllen die Leere, die der wandernde Seelenteil hinterlassen hat. Desgleichen finden wir auch hier wieder chronische Depressionen und Tendenzen zur Selbsttötung. Beim Verlust der Seele fühlen wir uns zersplittert und es fällt uns schwer, uns mit anderen und dem Leben um uns herum zu verbinden. Aus diesem Gefühl der Bindungslosigkeit können Depressionen entstehen.

Auch das Koma ist ein Ausdruck des Seelenverlustes. In diesem Fall war das Trauma so gravierend, daß ein großer Teil des Selbst die Flucht ergriffen hat, und den Körper bewußtlos zurückließ. Geht die ganze Seele, sterben wir.

Immer wenn mir jemand erzält: »Ich war seither nie mehr die Gleiche ...«, oder »Ich fühle mich nicht mehr eins mit mir«, »Ich hab das Gefühl, nicht richtig hier zu sein«, vermute ich Seelenverlust. An und für sich ist ein Seelenverlust eine gute Möglichkeit, Traumata zu überleben. Schwierig wird es aus schamanischer Sicht, wenn die Seele nicht mehr von alleine zurückkehrt. Vielleicht ist sie in der nichtalltäglichen Welt verlorengegangen und findet den Weg zurück zum Körper nicht mehr, oder sie möchte nicht mehr zurück, was besonders bei Mißhandlungen oft vorkommt. Hier ist dann das Verhandlungsgeschick des schamanischen Heilers gefragt, der erklären muß, daß sich die Umstände geändert haben und die Schmerzen der Vergangenheit angehören.

Als letztes gibt es noch die Möglichkeit, daß eine Seele nicht zurückkehrt, weil eine andere Person sie gestohlen hat. Dies passiert häufiger, als man denkt. In schamanischen Kulturen könnte der Diebstahl der Seele eine Form der psychologischen Kriegsführung gewesen sein. Keine Bomben fallen; stattdessen werden Seelen entführt. In unserer Gesellschaft begegnet mir dieses Phänomen öfters, aber normalerweise passiert es unbewußt. Inzestopfer sagen häufig aus: »Mein Vater hat mir meine Seele gestohlen.« Manchmal höre ich auch: »Mein Ex-Freund hat sie mir geraubt.« Wieviele Lieder der Country- und Westernsänger handeln von gestohlenen Herzen und Seelen. Warum aber die Seele eines anderen rauben? Es gibt verschiedene Gründe: Eifersucht auf den Erfolg eines anderen zum Beispiel. Manche Menschen sind auch selbst so kraftlos, daß sie sich die dringend benötigte Energie von einem energiegeladenen Kind oder Erwachsenen holen. Bei Trennungen, Scheidungen oder Tod kann so noch ein Rest an Verbindung aufrechterhalten werden. Natürlich kann es auch zum umgekehrten Fall kommen, in dem ein Kind oder Erwachsener einen Teil seiner Seele verschenkt.

Ich finde, hier besteht ein Bedarf an Erziehungsarbeit. Es ist verwerflich, jemandem die Kraft zu rauben, um sie dann selbst zu nutzen. Das Opfer verliert seine Kraft und der Dieb belastet sich mit Energie, die er gar nicht verwenden kann. Der Seelendiebstahl ist für alle Beteiligten ein Verlust. Allerdings kann niemand meine Seele stehlen, wenn ich mich dagegen wehre. Als Kinder haben wir vielleicht weder die Kraft noch das Wissen dazu, aber als Erwachsene können wir uns verteidigen oder entziehen.

Sobald ich bemerke, daß mir jemand meine Seele stehlen will, rufe ich entweder mein Krafttier zum Schutz herbei oder ich visualisiere mich in einem durchscheinenden blauen Ei sitzend. Diese Methode lernte ich zu meinem Schutz vor vielen Jahren von einer Medizinfrau der Chumash Indianer. Wenn ich merke, daß ich die Seele eines anderen Menschen genommen habe, gebe ich sie durch ein einfaches Ritual zurück. Ich kann sie entweder bewußt mit dem Rauch von Räucherwerk oder durch Feuer zurückschicken oder auch das Seelenteil in ein Kristall oder einen Stein hauchen und diesen dann dem Betroffenen schenken. Oder ich gebe demjenigen ein Geschenk, was seine Seele repräsentiert, die ich genommen habe. Auch meine helfenden Geister können die Seele ihrem Eigentümer zurückbringen. Die treibende Kraft des Rituals ist die damit verbundene Absicht, die Form spielt keine Rolle.

Wenn eine Seele den Körper verläßt, begibt sie sich in eine der drei Welten. Ich befasse mich hier mit dem Verlust von Teilen der Seele, denn nochmals – wenn die ganze Seele geht, sterben wir. Wenn ich reise, kann ich Seelenteile finden, die wegen eines Traumas als Kind geflohen sind. Weitere Teile erscheinen als Teenager und Erwachsene. Die Seelen behalten das Alter, das sie bei ihrer Flucht hatten. So finde ich Neugeborene, Dreijährige, 13jährige oder auch 27jährige.

Eine der Grundvoraussetzungen der schamanischen Heilung ist, daß ein anderer für den Klienten in die geistige Welt geht. Im Falle eines Seelenverlustes ist es die Aufgabe des Schamanen, für den Betroffenen zu reisen, das Seelenteil mit Hilfe der Geister aufzuspüren, über die Rückkehr zu verhandeln und es dann dem Klienten wieder »einzublasen«. Dies sind fortgeschrittene schamanische Fertigkeiten und sollten niemals ohne entsprechende Ausbildung ausprobiert werden.

Der Verlust von Kraft oder Seelenteilen hinterläßt eine Leere, die leicht durch einen geistigen Eindringling ausgefüllt wird. Wenn mich ein Kranker aufsucht und über eine bestimmte Schmerzsymptomatik oder auch Krebs, Herzprobleme, Halssteife oder Magenschwierigkeiten klagt, vermute ich, daß hier eine Leere gefüllt wurde. Auf meinen Reisen für einen solchen Klienten kann ich möglicherweise etwas sehen, was ganz offensichtlich nicht in den Körper des Betroffenen gehört; etwas, das mich stark emotional berührt, wie z.B. ein Reptil mit großen Zähnen, einen Insektenschwarm oder schwarzer Matsch. Diese ›Eindringlinge‹ sind nicht bösartig, aber sie befinden sich am falschen Ort. Ein Schamane wird sie herausziehen oder -saugen und in die Natur zurückbringen, wo sie keinen Schaden verursachen können. Üblicherweise werden sie einem natürlichen Gewässer übergeben, wo ihre Kraft neutralisiert werden kann.

Negative Gedanken sind die Ursache einer spirituellen Invasion. Eine andere Person kann sie bewußt oder unbewußt geschickt haben, wir können sie unbemerkt beim Spazierengehen auf einer belebten Straße auflesen oder sie entstehen im Betroffenen selbst, wenn Probleme unterdrückt und nicht ausgesprochen bzw. gelöst werden. Diese Themen behandelte ich in den Kapiteln 3 und 4.

ZUSAMMENFASSUNG

Wenn ein schamanischer Heiler die geistigen Ursachen einer seelischen und/oder körperlichen Krankheit betrachtet, reist er zu seinem Krafttier oder Lehrer und findet heraus, ob ein Klient unter

Kraftverlust, Seelenverlust oder einer spirituellen Invasion leidet. Meistens handelt es sich um eine Kombination dieser Möglichkeiten oder sie treten sogar alle zusammen auf. Es ist die Aufgabe des Schamanen, mit Unterstützung der helfenden Geister eine angemessene Heilung durchzuführen.

Da sich Schamanen mit den spirituellen Aspekten einer Erkrankung befassen, wissen wir nicht im voraus, welche Auswirkungen das Ergebnis auf den Körper hat. Patienten finden möglicherweise Erleichterung der physischen Symptome durch die schamanische Heilung, oder sie müssen ergänzende Unterstützung bei Beratern, Psychologen, Ärzten, Heilpraktikern, Krankengymnasten, Akkupunkteuren oder anderen Heilern suchen. Die Selbstheilung setzt ein, sobald die Klienten überlegen, welche Veränderungen sie in ihrem Leben brauchen, um gesund zu bleiben.

Ein Schamane ist außerdem auch ein Begleiter und Wegweiser für Seelen. In dieser Rolle hilft er Verstorbenen, wenn sie durch ein plötzliches Unglück, wie durch einen Autounfall, ein Zugunglück oder einen Flugzeugabsturz, durch Mord oder Selbstmord nicht problemlos von der Mittleren in die Obere Welt gelangen konnten. In diesem Fall ist es die Aufgabe des Schamanen, die verlorene Seele dort abzuholen, wo sie ›festhängt‹ und sie ins Licht zu geleiten, wo sie heilen und wachsen kann.

Wer Schamanismus als Lehre angenommen hat, kann auch auf anderen Gebieten als der Heilung tätig sein. Die schamanische Reise kann auch einfach dazu genutzt werden, Wissen zu erlangen. Hierbei kann man für sich selbst oder jemand anderen zu einem Krafttier oder Lehrer reisen und Fragen stellen. Der Schamane begibt sich in die nichtalltägliche Welt, um Informationen zu bekommen, also kann diese Form des Reisens auch dazu dienen, spirituelle Lebenshilfe für sich selbst zu finden.

Wer mehr über schamanische Arbeit erfahren möchte, als im Anhang dieses Buches zu erfahren ist, dem empfehle ich das Buch *Der Weg des Schamanen* von Michael Harner und mein Buch *Auf der Suche nach der verlorenen Seele.*

DANKSAGUNGEN

Mein Dank gilt allen, die mir halfen, *Welcome Home* auf die Welt zu bringen. Ich danke Cynthia Bechtel für die Redaktion und Polly Rose dafür, daß sie das Manuskript abgeschrieben hat. Besonders möchte ich diesen beiden wunderbaren Frauen für ihre immerwährende Unterstützung und Ermunterung danken, die sie mir während meiner Arbeit zukommen ließen. Außerdem möchte ich Jim Hill für seine Hilfe im Anfangsstadium meines Projektes danken und Debbie Dolye für ihren geistlichen Beistand. Mein Dank gilt Jaye Oliver für ihre wunderbaren Zeichnungen; es hat mir großen Spaß gemacht, mit ihr zu arbeiten. Ich danke Phil Welch für seine Aufnahmen von mir.

Ich bin Barbara Moulton, meiner Herausgeberin bei Harper San Francisco für ihre Freundschaft und Anleitung während der Entstehung meines Buches dankbar und dafür, daß sie Vertrauen in mich und meine Arbeit hatte. Es hat mir großen Spaß gemacht, mit den Menschen von Harper San Francisco zusammenzuarbeiten und ihnen verdanke ich die Überzeugung, daß es auch Unternehmen mit Seele gibt.

Besonders dankbar bin ich meinen Klienten und all denen, die mit mir zusammen über Schamanismus gelernt haben. Sie überzeugten mich, daß *Welcome Home* ein wichtiges Buch ist und unterstützen mich bei meiner Botschaft. Viele schickten mir schriftliche Beiträge zu diesem Buch und ich danke allen für ihre Bemühungen und ihren Zeitaufwand. Gleichgültig, ob ihre Arbeiten hier aufgenommen wurden oder nicht – ich danke allen. Mein Dank gilt außerdem Linda Crane, Harriet Toben und Carol Proudfoot-Edgar für ihre Gedichte.

Ich möchte Michael Harner besonders erwähnen, der ein wunderbarer Freund, Lehrer und Partner während meiner Arbeit war. So, wie er mich immer in meiner Arbeit unterstützt hat, stehe ich auch hinter ihm.

Die Liebe und Unterstützung vieler Freunde und Verwandter hat meiner Arbeit viel Kraft und Energie gegeben. Besonders danke ich hier meinem Partner, Easy Hill und meinen Eltern, Aaron und Lee Ingerman. Ich möchte Ray Swartley dafür, daß er mich an die Ewigkeit erinnert hat, danken und ehren. Dank an Woods, daß er mich zu Hause willkommen geheißen hat.

Am meisten bedanken möchte ich mich bei meinen Krafttieren und Lehrern in der nicht alltäglichen Welt für ihre immerwährende Liebe und ihre Lehren. Es war mir eine große Ehre, einige von Isis Botschaften niederzuschreiben; ich danke ihr für ihren Unterricht. Mein Krafttier ist für mich eine ständige Quelle der Liebe und der Kraft und ich fühle mich niemals einsam, denn ich weiß, daß er und Isis in meiner Nähe sind. Es gibt viele unsichtbare Helfer, die mir ebenso Kraft und Weisheit gaben und ich danke ihnen und ehre sie dafür.

Ich danke für mein Leben.

Für Informationen über Seminare von Sandra Ingerman und Mitarbeitern wenden Sie sich bitte an:

The Foundation for Shamanic Studies
P. O. Box 1939
Mill Valley, CA 94942
USA
Tel.: 001/ 415/ 380-8282

Wenn Sie direkt mit Sandra Ingerman Kontakt aufnehmen möchten, schreiben Sie an:

Sandra Ingerman
P. O. Box 4757
Santa Fe, NM 87502
USA

In den deutschsprachigen Ländern gibt es Informationen bei:

Foundation for Shamanic Studies Europe

Zuständig für Österreich
und Deutschland:

Paul und Roswitha Uccusic
Neuwaldeggerstraße 38/4/6
A-1170 Wien
Tel. und Fax: (1) 4 80 17 53

Zuständig für die Schweiz:

FSS Schweiz
Dr. Carlo Zumstein
Kasernenstraße 3
CH-8180 Bülach
Tel.: (1) 8 86 22 60
Fax: (1) 8 86 22 64

Die *Foundation for Shamanic Studies* ist eine nicht gewinnorientierte Organisation, deren Arbeit darin besteht, schamanisches Wissen für die Lösung der gegenwärtigen Probleme zu erarbeiten, zu vermitteln und anzuwenden.

Sandra Ingerman

Auf der Suche nach der verlorenen Seele

Der schamanische Weg zur inneren Ganzheit

256 Seiten, gebunden, ISBN 3-7205-2019-6

Traumatische Erlebnisse – vom Trennungsschmerz bis hin zu sexuellem Mißbrauch – führen aus schamanischer Sicht zum Verlust von Teilen der Seele. Ein Teil von uns läuft sozusagen davon, um den Schock zu überstehen. Meist kehren diese geflüchteten Seelenfragmente nicht von alleine zurück. Wir leiden, fühlen uns unvollständig und vom Leben abgeschnitten.
Sandra Ingerman hat die alte schamanische Heiltechnik der Seelenrückholung wiederentdeckt und durch moderne psychologische Erkenntnisse bereichert.

»Ich kann Ihnen keine bessere Hilfe auf dem Weg zu innerer Ganzheit empfehlen.«

Michael Harner

Tom Cowan

Schamanismus

Eine Einführung in die tägliche Praxis

Deutsch von Karin Bechtold, 215 Seiten, kartoniert, ISBN 3-7205-1977-5

Tom Cowan zeigt, wie man eine persönliche spirituelle Lebensweise entwickeln kann, indem man Elemente des Schamanismus mit überlieferten Traditionen und bestehenden religiösen Verpflichtungen verbindet.
Er schreibt unter anderem über Techniken zur Erkundung der nichtalltäglichen Wirklichkeit im Alltag, über die zentrale Rolle von Krafttieren und von geistigen Lehrern, über Elemente der Spiritualität der Kindheit (Lieder, geheime Verstecke, Kraftplätze und imaginäre Gefährten) und über die Reise zu einem Ahnenschamanen, um verlorenes Wissen wiederzuerlangen.

»Eine außerordentlich lesenswerte und gut lesbare Einführung in die Praxis des schamanischen Reisens mit einer Vielzahl neuer Übungen.«

Michael Harner

Diese Bücher erhalten Sie in jeder Buchhandlung.
Ein farbiges Büchermagazin mit unseren lieferbaren Titeln senden wir Ihnen auf Wunsch gerne zu.

ARISTON VERLAG

Hauptstrasse 14	Karl-Theodor-Str. 29
CH-8280 Kreuzlingen	D-80803 München
Tel. (0 71) 672 72 18	Tel. (0 89) 38 40 68 0
Fax (0 71) 672 72 19	Fax (0 89) 38 40 68 10

ARISTON VERLAG

Hauptstrasse 14	Karl-Theodor-Str. 29
CH-8280 Kreuzlingen	D-80803 München
Tel. (0 71) 672 72 18	Tel. (0 89) 38 40 68 0
Fax (0 71) 672 72 19	Fax (0 89) 38 40 68 10

ARISTON VERLAG

Hauptstrasse 14
CH-8280 Kreuzlingen
Tel. (0 71) 672 72 18
Fax (0 71) 672 72 19

Karl-Theodor-Str. 29
D-80803 München
Tel. (0 89) 38 40 68 0
Fax (0 89) 38 40 68 10